公立・私立
中堅校から東大に入る本

和田秀樹

大和書房

中堅校からでも、東大を目指すことはできる。
身のまわりで起きた2つのできごとをきっかけに、
私はそう確信するようになりました。

「東大なんて無理に決まっている」
「東大はもちろん、名門大学なんて無縁だ」

こんなふうに思いこんでいる多くの方に、
お伝えしたいことがあります。

勉強ができない子の9割は「やり方」が間違っているのが原因です。
だから、その子に合った「正しいやり方」を身につければいいのです。

本書は、その子にとっての「正しいやり方」が見つかっていない人や、
中堅校から東大を目指す人に、「正しいやり方」を
ご紹介するための本です。

「正しいやり方」さえ身につければ、
中堅校からでも東大合格は可能なのです。

はじめに

偏差値50からの東大
中堅校生の「無限の可能性」を確信した理由

中堅校からでも東大を目指すことはできる。身のまわりで起きた2つのできごとをきっかけに、私はそう確信するようになりました。

灘高校3年生だった夏のことです。私は、夏休みを近所の公立図書館で勉強しながら過ごすことに決め、夏休みに入ると早速通い始めました。

実をいうと、その時点で、模擬試験の成績や過去問にチャレンジした手応えから、東大理Ⅲに合格できる見こみはついていました。では、なぜわざわざ図書館通いを計画したかというと、図書館に通う女子生徒に勉強を教えてあげればモテるのではないかと思ったからです。いってみれば不純な動機です。私にも、男子高の生徒らしい妄想にあふれる時期があったわけです。

さて、朝早起きして図書館に向かうと、午前9時の開館を前にして、受験生らしい人たちが列をなして待っているのが見えました。

図書館には熱心な学生が集まるので、早めに行かないと席を確保できないとは聞いていましたが、実際に目の当たりにすると、気が引き締まりました。自分もうかうかしていられないという気持ちになりました。

✓5分で昼食をとり、ひたすら机に向かうのが、正解？

席を確保すると、みんな一斉に勉強をスタートします。

全員が一心不乱といった様子で、誰一人として雑談をする雰囲気ではありません。途中、私は席を立ってバーガーショップに出かけたり、適度にお茶休憩したりしていたのですが、**公立高の受験生たちはほとんど席を立つことすらありません**。

お昼どきになると、彼らは持参したお弁当を5分くらいで食べ、数時間に1回くらいのペースでトイレ休憩する以外は、机にかじりついて勉強していたのです。

それを見ていて、さすがに「ヤバい」と感じました。今でこそ、自分は合格圏内ですが、このハイペースで公立高校の生徒たちが勉強を続けたら、私が追いつかれて、追い抜かれるのも時間の問題ではないか、と不安になってきたのです。

公立の生徒たちがしていた「的外れな勉強法」

しかし、結論からいえば、3日もしないうちに、もう絶対に公立の人たちには追い抜かれないとの確信を持つようになりました。というのも、彼らの勉強ぶりをこっそり見ていたら、3日かかってもほとんど進展がないのに気づいたからです。

彼らは、一見すると必死に勉強しているようなのですが、よくよく見ると「チャート式」の参考書が、1日で2～3ページくらいしか進んでいなかったり、同じ問題を前にしてウンウンうなっていたりするケースがほとんどでした。

隣の席を見ると、古文を必死になって書き写しているのが目に入ったこともあります。

「こんなやり方で本当に合格する気があるのだろうか？」

と思ってしまうくらいに、公立高の生徒たちは、的外れな勉強を続けていました。

灘高と公立高とでは、素質が違うとかカリキュラムが違うという以前に、勉強そのもののやり方が圧倒的に違うと、今さらながらに気づいたのです。

「灘高の勉強法」を伝授したところ……

多少安堵《あんど》しながら、マイペースで勉強をしていると、偶然にも小学校のときの同級生と再会しました。

彼は私と同じ公立小学校の出身で、その後、地元の公立中学校を経て公立高に進学していました。彼は私のことを見つけるやいなや、こんな相談を持ちかけてきました。

「オレは今のレベルで合格できそうな大学を目指すから、あまり勉強しなくてもいいんだけど、友だちのひとりに東大に行きたいっていうやつがいるんだ。神戸大学に合格できるくらいの実力があるらしいんだけど、**東大を目指すにはもう少し成績が伸びないとダメみたい。そいつに勉強のやり方を教えてやってくれないか？**」

せっかくなので、紹介された同級生の友人と会ってみることにしました。彼が通っているのは神戸市内の公立高校で、毎年東大にやっと2～3人の合格者を出すくらいのレベルです。しかも、東大合格者はみんな浪人生だといいます。

彼は、数学の成績が伸びないことに悩んでいました。そこで私からこんなふうにアドバイスをしました。

「**とりあえず数学というのは、たくさんの問題に当たることが大事。だから、解けなかったら、先に答えを見て、解法を覚えてしまったほうが効率的だよ**」

「え？　そんなことをしたら、実力がつかないんじゃないの？」

「いや、灘高ではみんなそうやって勉強しているよ」

「えっ!?　そうなの？」

その後、何度か彼に勉強のやり方をレクチャーしましたが、夏休みが明けてからはそれっきり連絡も取らなかったので、彼がどうなったかは知りませんでした。

しかし、その後になって彼が現役で東大に合格したらしいことがわかりました。私のアドバイスを素直に聞き入れて、数学の勉強法を変えたのでしょう。
その話を聞いて、勉強はやり方しだいだと改めて痛感したのです。

予想もしなかった弟からの「東大へ行きたい！」

実は、その半年後にも、私は似たような経験をしました。
私が東大の理Ⅲに合格したのを見て、1学年下の弟がこんな話を持ちかけてきました。

「**灘高の勉強法をマスターしたら、自分も東大に合格できるかもしれない。だから教えてほしい**」

これにはさすがに驚きました。
弟は、小さいときから身体が弱く、休みがちなため、勉強を教える幼稚園にはほとんどついていけないくらいの状態でした。小学校に入っても、算数がほとんどできず、学校の先生から「特別に支援のある学校に行ったほうがいい」と言われるほどでした。

3年生で公文式の塾に通い始めてから、多少持ち直したものの、私の後に続いてチャレンジした灘中の受験に失敗し、不本意ながら別の中学に進学。そのまま高校まで進級していました。その高校は、東大合格者が数年に1人出るかどうか、毎年の合格者数では京大はせいぜい1人、大阪大5人、神戸大10人くらいのレベルです。

しかも、その学校で弟がトップクラスならともかく、学年で60～80番程度の成績だといいます。ギリギリ上位3分の1に入っているという感じでしょうか。関西でいえば、「関関同立」のいずれかに引っかかれば御の字といったところです。

さすがの私も、無茶をいうにもほどがあると思いました。しかし、弟の「根拠のない自信」に半ば気圧されるまま、灘高の勉強法を一通り教えることにしたのです。

✔「灘高の勉強法」を素直に実践した結果

そこで私は、改めて灘高に伝わる勉強法を体系化してみました。

すると、**たしかに灘高の勉強法は、東大合格を目指す理想的なやり方だった**ことを再確認しました。

まず、弟は昔からずっと数学ができなかったのですが、比較的物覚えがよかったので、解法のパターンを暗記して解くという手法を教えました。

歴史については、教科書を読んで細かい年号や出来事を暗記するだけの方法をやめさせ、新書を何冊か読むという準備をさせました。これは灘高の生徒たちがやっている方法であり、いくつかの教科書レベルのキーワードから、「この時代の貨幣経済の特徴を80字以内で述べよ」というような論述問題への対策としては最適です。


灘高の勉強法を実践した弟は、みるみる実力を伸ばし、驚くことに見事、東大の文Ｉに現役合格を果たしたのです。自分で勉強法を伝授しておきながら、これには私自身が驚きました。

後になって、**弟が通う学校で東大文Ｉに現役合格したのは、開校以来２人目**だと聞かされました。弟の東大現役合格を目の当たりにして、私は勉強はやり方しだいであるという事実を改めて実感しました。

その後、勉強法に関する本を多数執筆したり、地方の子にもできる通信制の受験指導塾

（毎年、地方のそれほど有名でない公立校から東大合格者を何人も出しています）を経営したりするようになったのも、この体験が原点になったのは間違いありません。

✓「私は受かる！」という実感がかなり重要

灘高の勉強法を身につけた弟が東大に現役合格したあと、実に面白い現象が起きました。

弟が通っていた高校では、弟がその成績で受けるならと、京大、阪大レベルの受験生が東大を受け、その年になんと7人の東大現役合格者を出しました。それが噂になって、後輩たちが「あんな成績が悪かった先輩でも東大に受かったのなら、自分たちも受かるはず」と考え、勉強法を真似するようになったといいます。

結果、翌年の東大合格者が2ケタを超え、そこから、その高校自体の学力レベルが急に上がっていきました。なんと、**数年のうちに毎年20人以上の現役東大合格者を輩出**するまでになったのです。

こういう「空気感」みたいなものは、なかなかあなどれない要素だと思います。

灘高も、かつては「京大進学者を多数輩出する関西の名門校」という位置づけでした。

しかし、昭和30年代に京大合格者数が全国1位になったのをきっかけに、「京大に合格できるなら、東大にも合格できるはず」というムードが高まり、一気に東大合格者数を増やした歴史があったと聞いています。

つまり、「東大に合格できる」というムードが醸成されれば、一気に受験の合格状況が変わる可能性があるということです。

日本には、東大に毎年1人合格できるかどうかという高校が、それなりの数で存在しています。そういった高校は、進学校といえば進学校なのですが、歴史的に、東大合格にリアリティを感じていません。

東大や京大を目指すという発想すら持たず、特に地方の場合は、どんなに優秀な成績でも地元の国立大学をかたくなに志向する傾向もあります。

そういった、**中堅校の生徒でも「東大に合格できる」という実感を持ち、勉強のやり方を変えたら、劇的に状況が変わるのです。**

✔「東大合格」にあこがれを持たせる

もうひとつ重要なポイントは、東大へのあこがれです。かつて群馬県は、北関東（群馬、栃木、茨城）三県の中で、もっとも多くの東大合格者を輩出していました。これは、私が想像するに、福田赳夫《ふくだたけお》や中曽根康弘《なかそねやすひろ》といった、東大の中でも俊英とされた人物が要人として出世していった歴史と深く関係しているはずです。

おそらく、かつて群馬の一般家庭では、親が子どもに向かってこのような言葉をかけていたのではないでしょうか。

「勉強を一生懸命がんばって、福田首相みたいなエライ人になるんだよ」

「中曽根さんはこの町から羽ばたいていったんだ。お前にだってできるはずだよ」

ところが時代が移り変わるにつれ、その風向きも少しずつ変化してきました。

かつて東大を経て一流政治家に上りつめた人たちの子どもは東大には進学せず、けれども親の地盤をしっかり受け継ぎ、盤石の支持のもと、世襲政治家として当選回数を積み重ねていきました。しかも選挙区の人は、諸手を挙げて世襲政治家を応援しています。それを見た選挙区の子どもたちはどのように思うでしょうか。

「なんだかんだいって、結局は世襲で決まるんじゃないか」

「東大に入ったからといって、世襲で出世できる人に勝てないんじゃ意味がない」

そんなあきらめムードが数字にも反映されているようで、**今、群馬県内の高校から東大に進学する生徒の数は、茨城県の約半数にまで低迷しているのが現実です**。

実はこのような事象は、かつて岸信介《きしのぶすけ》や佐藤栄作《さとうえいさく》といった、東大の中でも秀才中の秀才といわれた総理大臣を輩出しながら、現在は小学校から大学までエスカレーター式に進学できる私立校出身の人が地元のトップ政治家となっている山口県でも同様に起きています。

かつては県有数の進学校である山口高校だけで年数十人の東大合格者を送り出していた時代もありましたが、今では中国地方での東大合格者数は1ケタと最低レベルに甘んじています。つまり、子どものころから東大にあこがれたり、東大合格にリアリティを感じたりしていたかどうかで、結果は大きく違ってくるわけです。

今、中堅校に通っている中学生、高校生は、先輩の進学実績だけを見て、安易に自分の将来を決めつけないでいただきたいと思います。

先輩の実績を見て、自分の限界を勝手に作ってしまう。それ以上に、もったいないことはありません。まずは、自分の力を信じることが大切です。東大合格への道はそこからスタートするのです。

✓地方からでも東大に合格できる子、できない子

残念ながら今の日本では、受験塾や進学校も多い都市圏のほうが東大に合格しやすい環境が整っています。その一方で、**地方では残念ながらそもそも東大を卒業した教師や塾講師自体がほとんど存在していない状況があります。**

地方の進学校の先生は、勉強がものすごく好きで、一生懸命勉強した結果、教育大学に進学したようなタイプが多く見られます。

失礼な言い方になってしまうのですが、勉強のやり方としてはけっして要領がいい先生が多いわけではないのです。そうした先生のもとで学ぶ場合、同じくらいの勉強量をこな

して、やっと先生に追いつくことができるわけですが、現実にはそんな生徒はほとんど皆無です。同じやり方で勉強をしている限り、先生より下のレベルの大学に進学するのが関の山です。昔より子どもの数が減っていて、大学の定員が増えているので、先生よりレベルの高い学校に進学することはあり得ますが、東大や医学部となると難しいでしょう。

私には、なんとかしてこの状況に風穴を開けたいという思いがあります。

あまりに子どもの機会平等という理想に反した現実がまかり通っているからです。

地方からでも、意欲のある子に東大を目指してほしい。そのために私財を投じて通信教育を運営し、毎年東大や医学部への合格者を出してきました。

私は、磐城緑蔭中学校・高等学校という、福島県いわき市内で初めての中高一貫校のコンサルタントをしています。

この学校のもとになった学校は、中堅校どころか、進学校とも呼べないような高校でした。そこで、中高一貫校にしたのですが、東京などの都市圏ならともかく、福島県のような地方には、小学生のころから受験塾に入って中学受験をし、中高一貫校を目指すという文化がありません。

大学進学を目指す子どもは、市内の公立中学から上位の高校に進学するのが一般的であり、磐城緑蔭は入学者の定員を毎年下回る状況が続いてきたのです。

磐城緑蔭の中学受験問題は、東京の進学塾でいうと、小学5年生のはじめくらいにクリアできるるレベルです。その得点で見る限り、トップで合格する子の学力でも、東京の進学塾でいえば5年生の上位クラスには、到底入れないくらいだと思います。下位の子になると、もう5年生クラスにも入れないはずです。

16人中4人が慶応大学に現役合格した「定員割れ校」の秘密

そんな状況でしたが、私は、やはり勉強はやり方しだいという強い信念を持っていました。まず、**中1の1学期は、中学受験用の計算の問題集と読解の問題集**に取り組んでもらいました。そうやって基礎学力をつけなおし、そこから徐々にレベルアップを図っていったのです。

地道に生徒たちの基礎学力を底上げした結果、2015年の入試では、**国立の千葉大**

学、東京理科大学、岩手医科大学、杏林大学医学部、明治大学など難関大学への合格者が誕生しました。

２０１６年の入試では、４人が慶応大学に現役で合格しています。卒業生16人のうち25％という数字は、首都圏以外では全国1位でした。４人だからえらそうにいえないといわれそうですが、地元の公立トップ高が、卒業生約３００人で同じ４人が慶応大学に現役合格ですから、十分に胸を張っていい成績です。国立の北海道大学、防衛大学校理工学部、また、そこから毎年、福島県立医大への合格者を輩出するようになりました。

さらに自慢できることは、落ちこぼれを作らないことです。最下位レベルの成績の子が国立大学やＭＡＲＣＨレベルの東京の名門大学に合格しているのです。

すでに東大の模試でＡ判定をとる生徒も何人か出てきており、東大現役合格も時間の問題だと考えています。心理的な壁のせいで合格を逃しているのですが、ひとりが最初の壁を破れば、東大合格は夢じゃないという空気もできてくるはずです。

要するに、中学入学時点の成績が凡庸でも、６年間、基礎からきちんと勉強すれば、それくらいのレベルには到達できるのです。

✓合格は「プロのテクニック」を知っているかどうか

たとえば、ゴルフを始めようと思って、初めてクラブを握ったとしましょう。おそらくほとんどの人は、ボールにクラブが当たらないし、当たっても前に飛ばないはずです。

ごく一部のセンスのある人は、自分で試行錯誤しながら正しいフォームを身につけて、ボールを前に飛ばせるようになるかもしれません。しかし、基本的には、自己流でいくら練習を繰り返したところで、けっして上達はしません。

上達するためにもっとも賢い方法は、レッスンプロなどのコーチから基本を学ぶことです。スイングの基本についてレクチャーを受けたうえで練習を繰り返せば、確実に上達のスピードが上がるものです。

ゴルフやテニスなどのスポーツなら上達の理屈がわかるのに、なぜか勉強になると自己流や根性論にこだわる人が多数派です。自己流と根性でうまくいった子だけが「頭のいい子」「やればできる子」とされ、それ以外は勉強をあきらめてしまっています。

私にいわせれば、いくらがんばっても成績が上がらないのは、努力のベクトルを間違えているから。

勉強ができない子の９割は、「やり方」が間違っているのが原因です。

だからこそ、その子に合った「正しいやり方」さえ身につければいいのです。

本書では、中堅校から東大を目指すための「正しいやり方」をご紹介するための本です。唯一の正解とはいえませんが、かなりの確率でうまくいくやり方です。

「正しいやり方」さえ身につければ、中堅校からでも東大合格は可能です。

受験生をお持ちの親御さんが、あなたが受験生ならご本人が、自分を信じて、東大合格の栄光を勝ち取ることを心から期待しています。

はじめに

偏差値50からの東大
中堅校の「無限の可能性」を確信した理由●4

5分で昼食をとり、ひたすら机に向かうのが、正解?●5
公立の生徒たちがしていた「的外れな勉強法」●6
「灘高の勉強法」を伝授したところ……●7
予想もしなかった弟からの「東大へ行きたい!」●9
「灘高の勉強法」を素直に実践した結果●10
「私は受かる!」という実感がかなり重要●12
「東大合格」にあこがれを持たせる●14
地方からでも東大に合格できる子、できない子●16
16人中4人が慶応大学に現役合格した「定員割れ校」の秘密●19
合格は「プロのテクニック」を知っているかどうか●20

1章

2020年激変！入試改革と東大入試

今後、東大入試は「こう」なっていく！● 32
本当に入試制度改革が機能するのか ● 36
面接や小論文は「割り切って」準備する ● 40
「東大入試のしくみ」を知っておく ● 44
合格最低点をクリアする ● 46
苦手科目があっても挽回できる ● 48
東大受験のテクニックは将来にわたって使える ● 50
「東大に合格できる力」が人生を切りひらく ● 52

2 章

東大合格までの「和田式カリキュラム」

中学受験に失敗しても、あきらめる必要なんてない 58
東大受験は6年あれば攻略できる 60
自分で「6年間のカリキュラム」を作る 64
基本は「中学受験」の基礎学力 67
中学受験をせずに、東大を目指すときのポイント 70
中学受験しないなら、「先取り学習」を小学生から始める 73
灘中で落ちこぼれになってしまった私が「逆転合格」できた理由 75
「英数先行型」が、東大合格への第一歩 78
「東大に行きたい」という強い気持ちを持とう 80
「東大にあこがれさせる」こともかなり大事 82
まずは「勉強の習慣」を作る 84

3章

普通の子が大逆転合格！「和田式勉強法」を身につける

「1コマ90分」で勉強を続ける 87
現実問題、学校だけでは受験に対応できない 90
「3段階の復習」で、頭にしっかり定着できる！ 93
「新聞を読む習慣」が、思わぬ力を発揮する 96
高校からでも東大合格を目指すことは可能 98
「東大入試の傾向」を押さえておく 104
勉強は時間より「量」が大切 108
覚えるためには、とにかく「復習」する 110
「理解」と「集中」が記憶のカギ 113
嫌いな科目も好きな科目も「深追い」しすぎない 115

「単純暗記」は、時間を区切って覚えよう 118
理解できない部分は「絞りこみ」で解消していこう 120
口に出して、体に覚えさせる英語・古文・漢文 122
知識を身につけたら、どんどん「実戦」で試してみる 124
「早寝早起き」はやはり正しい！ 生活リズムを徹底する 128
「ミスらないための努力」とは何か？ 130
「勉強に適した環境」について、断言します！ 134
「どうしても調子が出ないとき」の対処法 137

4章 「東大入試の真実」を知っているか？

公立高からでも「東大合格」は可能？ 142
偏差値が高いからといって、合格できるとは限らない 144

「東大に合格できるかどうかは才能」は完全にウソ！ 146
お金がなくても、地方からでも東大合格は可能 150
暗記に強ければ、東大に合格できる？ 152
東大受験を成功させる塾選び 154
学校で勉強するのは、無駄？ 158
「根性論」では絶対に通用しない 161
「東大卒の家庭教師」をつける意味 164
東大受験と部活動は両立できない？ 167
友人は「敵」と考えるべきか？ 169
ゲームをやるなら「具体的なルール」を決める 171
東大に入ると「選択肢」が増える 173

5章

一生身につく、武器になる科目別「必勝勉強法」

勉強したら、実際に問題を解くのが基本 176
英語 英語の勉強は、できるだけ早めにスタートしておく 178
英語 「速読力」正確にスピードアップする「読み方」 180
英語 「精読」ノートを使いたおして、英語を「身に」入れる 182
英語 「速読」3回読んで「類推力」を強化! 184
数学 「暗記数学」という手法 186
数学 「暗記数学」の基本的なやり方 190
数学 解法は500~600パターン覚えればOK 192
数学 分野ごとにひとつひとつマスターしていく 195
国語 文法をある程度覚えたら、文章を読むことに慣れよう 197

6章

最高の自分を出す！「東大受験」の本番対策

国語 「現代文」は割り切って対策すればOK 200
地歴 「歴史」その背後に「何があったか？」を知る 202
理科 「理科」は「力学」をあきらめる選択もあり 204
理科 「化学」は「理論」を高2までにクリアする 207
理科 「生物」そこにある計算やグラフをマスターせよ 209
「模試」の活用法 212
自分に「大丈夫だ！」と言い聞かせる 214
まずは「やさしそうな問題」を解いて勢いをつける 216
休み時間に上手に気持ちを切り替える方法 218
「時間配分」を決めて臨機応変に対応する 220

「見直しの時間」を重視する 222
試験中は「1点」にこだわり、全力で取りに行く 224
「不測の事態」に備えておく 226
試験本番と同じ状況を作って、実戦慣れする 228
直前期には「やったこと」だけ確認する 230
おわりに
最後まで「合格する」と信じ、最適の「やり方」を探す 232

1章

2020年激変！入試改革と東大入試

今後、東大入試は「こう」なっていく！

「センター試験」から「共通テスト」へ！

２０２０年度から大学入試制度が大きく変わることが予定されています。まず、従来のセンター試験に代わるかたちで、２０２１年1月から「大学入学共通テスト（共通テスト）」がスタートします。

①記述式が増える

センター試験からの大きな内容の変更としては、これまでの試験がすべてマークシート方式だったのに対して、共通テストでは記述式問題が導入されるということ。

はじめは国語と数学で行われ、２０２４年度以降は地理歴史・公民や理科分野にも広げることが検討されています。

②英語が激変する

また、**英語で４技能（読む・聞く・話す・書く）の評価が導入**されたというのも変更点のひとつです。そして特に注目が集まっているのは、大学入試センターが認定した複数の民間検定試験によって評価されるという点です。

受験生は、受験する年度の４月～12月の期間に認定された民間検定試験を受け、その結果を受験する大学に提出することで合否判定の材料とされることとなっています（ただし、民間検定試験を判定に導入するかどうかは大学側が判断できる）。

２０２０～２０２３年の間は、大学入試センターが実施する英語の試験と、民間検定試験を併存させ、２０２４年以降は、民間検定試験のみが活用されることとされています。

２０１８年３月、２０２０年度に実施される最初の共通テストで活用される7団体24の資格・検定試験が決まったとの発表がありました。

③AOや推薦が激増する

共通テストの二次試験については、どうでしょうか。

国立大学の共通テスト後の入試形態は、個別の学力試験（２０２０年度以降は「一般選抜」と呼ばれる）と、志望理由書や学習計画書といった書類考査、小論文、面接などの結果を合否判定の材料とする「ＡＯ入試」「推薦入試」に大きく分かれます。

「一般選抜」では、今後、高度な記述式の試験が実施されることが見こまれています。また、書類試験や面接の導入も注目されているところです。他方、「ＡＯ入試」「推薦入試」に関しては、国立大学協会が、**２０２１年度までに国立大学全体としてＡＯ入試、推薦入試の占める割合を入学定員の30％とすることを目標にしています**。

こういった動きを受けて、東大入試はどう変わっていくのでしょうか。

まず東大は、２０１８年9月時点で、英語の民間試験について、成績提出を必須としない基本方針を決めました。一定の英語力を出願資格としつつ、民間試験の成績を提出しなくても、受験生の高校が「同等の英語力がある」と判断すれば調査書への記入で十分とし、さらに事情がある場合は、受験生が理由書を提出すれば受験を認めることとしています。

また、二次試験については、国立大学協会が目指す「個別試験で論理的思考力・判断力・表現力を評価する高度な記述式試験」などは、すでに導入されており、これまでと大きく変わらないとの見通しが語られています。

ただし、東大では「多様な学生構成の実現と学部教育の更なる活性化を目指す」との理由で、2015年より推薦入試が導入されており、全学で毎年100人程度の募集枠が設けられています。この動きの延長として想定されるのが、面接やディスカッション形式の試験の導入などでしょう。

現実問題として、現時点で東大の入試の方向性を予想するのは難しいところです。東大の中には、従来の学力重視を主張する教員が多いように見受けられますが、一方で文部科学省は、他大学にも影響の大きい東大の入試制度を変えたいという意向が強いはずです。

ペーパーテストだけで入試をやられると自分の子弟の入試に不利だから、少しでも有利な制度に変えたいのではないか。文科省の官僚の子弟が面接で加点して不正合格した事件を見ると、そう疑われてもしかたがありません。各種答申などの内容を見ると、ペーパーテストは従来型の学力だとして、それを偏重する大学には予算の減額までちらつかせているのです。こればかりは、実際にふたを開けてみないと、不透明だといえます。

本当に入試制度改革が機能するのか

ますます「地方格差」が進む不安

文部科学省は、共通テストの導入目的として、「大学入学希望者を対象に、高等学校段階における基礎的な学習の達成の程度を判定し、大学教育を受けるために必要な能力について把握することを目的とする。このため、各教科・科目の特質に応じ、知識・技能を十分有しているかの評価も行いつつ、思考力・判断力・表現力を中心に評価を行うものとする」としています。

これは、中央教育審議会答申（２０１５年12月）において、

「知識については、生徒が学習の過程を通して個別の知識を学びながら、そうした新たな知識等が既得の知識等と関連づけながら深く理解され、他の学習や生活の場面でも活用できるような確かな知識として習得されるようにしていくことが重要。

生徒が持つ知識を活用して思考することにより、知識を相互に関連付けてより深く理解したり、知識を他の学習や生活の場面で活用できるようにしたりするための学習が必要。

こうした深い理解を伴う知識の習得は、各教科等の学習において重視される主要な概念の理解や習得につながるもの」と打ち出されたことに呼応しています。

文章はややわかりにくいですが、要するに「思考力や判断力、表現力といった使える知識を身につけるのが目的である」と解釈すれば、入試制度改革の方向性は、あながち間違っていないようにも思えます。

ただし、私自身は、**この入試制度改革の成果には懐疑的です**。というのも、かつての入試制度改革を間近に体験し、そこに欺瞞《ぎまん》を感じてきたからです。

私は大学入試センター試験の前身である「共通一次試験」の最初の受験者です。

共通一次試験は、そもそも当時、灘や開成といった、私立の進学校によって東大合格者の多数が占められてしまうことから、一般的な高校で学習する程度の難易度の低い問題を課すことで、公立高にもチャンスを与えるという趣旨で導入された試験方式でした。

ところが、実際にスタートしてみると、結果として見えてきたのは、当初の思惑とは全く異なるものでした。

結論からいうと、東大合格者を送り出す高校の多くが中高一貫校となり、公立高との差がさらに開いてしまったのです。

なぜそうなるかというと、理屈は簡単です。
たとえば、灘高では、高校2年までに高校のカリキュラムはすべて学び終え、高3になるとたっぷり時間をかけて共通一次試験対策に取り組みます。他方で、公立高校の生徒たちは、3年間かけてカリキュラムを終えますから、共通一次試験の対策にあてる時間がありません。それに特化した対策をしたほうが有利というのは、あえて説明するまでもなく、受験勉強の基本中の基本です。

昔も今も、受験制度改革というものは、受験テクニックを持っている側に有利になると相場が決まっています。

私は、政府にとって思考力や判断力、表現力などは建前に過ぎないのではないかと疑っています。少子化のために将来の見通しが暗い学習塾業界を救済しようと、「塾に通ったほうが合格しやすい」制度を導入したのではないか。そんなふうに邪推したくなるくらい、入試制度改革には欠陥があると考えています。
もしかすると、いずれ東大入試も小論文や面接を重視する方向にシフトするかもしれません。しかし、そうなったときにも、結局は高3時にそういった試験の準備をどれだけできたかで合否が分かれるというだけの話です。

現実に、今高校に通っている生徒のほとんどは、まともに小論文やレポートを書いた経験がないと考えられます。また、地方にいくほど、そのやり方を教えられる教師は少ないでしょう。そんな高校生に小論文の試験を課したら、トレーニングをしている人が圧倒的に評価されるに決まっています。さらに言えば、小論文の課題に出されそうなテーマについて、ふだんから新書などを読んで準備している人のほうが絶対的に有利なはずです。

予備校だって生徒の獲得に必死ですから、小論文の傾向を把握しだい、それに対応したトレーニング講座を提供するでしょう。そのトレーニングを受けて、整理された小論文を書いた生徒を、果たして大学側は「型にハマっている」「本学が望むタイプの生徒ではない」といった理由で排除することができるのでしょうか。あるいは、そうした恣意《しい》的な選抜が許されるのでしょうか。

入試制度改革の根底にあるのは、「地方いじめ」であるように思えてなりません。

新しい試験の形式に対応できる環境や経済的な余裕に恵まれている人が優遇されていったら、その先に見えるのは富裕層の子弟とそうでない子弟や、大都市部の子弟と地方の子弟の格差の助長です。

つまり、入試制度改革は欠陥だらけなのです。

面接や小論文は「割り切って」準備する

本音を隠して、優等生になりきれ!

東大の入試が変わる可能性があるからといって、必要以上に不安視することはありません。小論文や面接などの重みが増せば増すほど、合格ラインのボーダーは下がると予想されます。

なぜなら、受験生への負担の増加が影響するからです。

すると、旧来型の科目の対策にあてられる時間が減ることになります。

これは、かつて共通一次試験が導入されたときに東大合格者の最低点が下がったことからも容易に想像できます。

それを踏まえて、過去問対策を徹底し、きちんと合格ラインをクリアできるようにしつつ、受験前の1年間でみっちり小論文や面接などの対策を並行するという当たり前の対策が求められます。

そこで重要なのは、あくまでも先取り学習です。

高校のカリキュラムを早めにクリアして、残りの時間を小論文なり面接なりの準備にあてればいいのです。

時間的に余裕を持って試験制度に対応していく。これは新しいやり方でも何でもなく、灘高ではすでに大昔から行っていたことです。

しかも、**東大の入試は、毎年予備校の先生が必死な思いで出題内容を研究しているので、予備校に対策を学ぶ方法もあります。**

面接に関しては、そもそも数分程度の面接をしたところで、その人の能力や性格をどこまで見極められるのか非常に疑問です。

面接の形式にも問題があります。

たとえばハーバード大では、教授は入試時の面接に参加することは原則的にありません。アドミッションオフィスのスタッフが面接を行い、大学教授と真っ向から論争できそうな能力と性格を兼ね備えた人物を入学させます。

教授のいいなりになりそうな学生ではなく、教授に楯突くようなタイプの人材を入れたほうが、議論が深まって学問が進歩すると考えているわけです。

ひるがえって、東大入試で面接官となるのは、東大教授です。

大学教授がわざわざ自分に楯突くタイプの学生を合格させるとは思えません。むしろ、自分の地位を将来にわたって安泰にさせるためにも、自分たちに対してヘコヘコしそうな生徒を高く評価するはずです。

実際、この10年ほど全国各地の医学部では、研究費の不正利用や論文の改ざんなど教授がさまざまな事件を起こしましたが、教授に公開質問状を出したのは、面接のない東大の学生だけでした。他大学が面接でいかに大人しい生徒をとっているかを象徴しています。

また、今回の不正入試問題でも、公開質問状を出したり、抗議活動をした医学生はいませんでした。

彼らにとっては、学問の進歩などは二の次です。

その証拠に、彼らのほとんどは、東大教授になるために必死で勉強をし、教授になった途端に学問を放棄します。世界基準で業績が評価される理系学部のほうが、いくぶん状況はマシだとは思うのですが。

ただ、逆に言えば、そんな教授陣によって行われる面接ですから、対策は立てやすいのではないでしょうか。

本音を隠して、優等生的な大人しい回答に徹するのです。なんだか、身もふたもないことを主張しているようですが、本格的に面接が導入されたら、現実に、そのような面接が一般的になると私は予想しています。

面接の対策を教える予備校の先生が、優等生的な回答（あるいはそれを少しはみ出したかのように見せる、やはり大人しめの回答）を大真面目に伝授する状況があちこちで見られるのではないでしょうか。

これに関しては、割り切って対応するしかありませんが、**くれぐれも面接は合格のための手段である**と自覚しておく必要があります。

そして、自己主張は大学に入ってからすればいいのです。

自己主張のトレーニングは大人になって社会で成功するために、大学の入試面接の対策のために、猫をかぶるトレーニングよりはるかに重要となります。

「東大入試のしくみ」を知っておく

現役生の割合66・8%の現実

現状の東大の入試のしくみについて、改めて確認しておきましょう。

国公立大学の一般入試は、「センター試験」と、大学別に行われる「個別学力検査（二次試験）」の得点を合計して合否が判定されます。

具体的には、センター試験の得点が110点に圧縮され、二次試験の440点と合わせた計550点満点で合否判定が行われます。

東大入試の場合、センター試験では、「文類」5教科8科目または6教科8科目、「理類」5教科7科目を必須としています。

二次試験では、文類・理類ともに4教科が課されています。「分離・分割方式」という制度で行われており、ひとつの大学・学部（学科）の定員を「前期日程」「後期日程」という日程に振り分け、それぞれの日程ごとに選抜していますが、東大入試では2016年度から後期日程が廃止されています。やはり旧来型の入試で入った学生のほうが入ってからも優秀だったという反省からだと聞いています。

センター試験よりも二次試験のウエイトが高いのですが、センター試験で不合格となると（いわゆる、足切りにかかると）二次試験に進むことはできません。

ちなみに、2018年度入試で見ると、志願者数9854人に対して最終合格者数は3083人。倍率は3・2倍となっています。これを個別に見ると次の通りです。

文Ⅰ　志願者数1323人、最終合格者数404人、倍率3・3倍
文Ⅱ　志願者数1201人、最終合格者数361人、倍率3・3倍
文Ⅲ　志願者数1535人、最終合格者数472人、倍率3・3倍
理Ⅰ　志願者数2992人、最終合格者数1130人、倍率2・6倍
理Ⅱ　志願者数2174人、最終合格者数549人、倍率4・0倍
理Ⅲ　志願者数450人、最終合格者数98人、倍率4・6倍

なお、推薦入試の志願者数は179人で、最終合格者数は69人。倍率は2・6倍となっています。推薦入試を除く合格者における現役生の割合は66・8％です。

合格最低点をクリアする

60%とれたら合格圏内

大学受験合格の基準は非常にシンプルです。志望校の合格者最低点をクリアすること、です。東大を目指すには、常に満点を目指す姿勢が重要と誤解している人も多いのですが、まず、そうした考えを捨てるところから始めてほしいと思います。

そもそも東大入試は満点が取れるような試験ではありません。満点を目指すのは、ゴルフでホールインワンを狙うようなもの。そもそも満点を目指す必要などなく、二次試験では、おおよそ5～6割の点数を取れれば合格できるのです。

大切なのは、合格に必要な点数を取るための戦略です。闇雲に満点を目指すと自滅するだけですから、確実に点数が取れる問題は100%を目指し、難問や不得意科目はあきらめるという発想が必要となります。

このあきらめ方を間違えると命取りなので、点数の取り方については、入念なシミュレーションを行っていきます。これが東大受験の戦略を考えるということです。

戦略については時間をかけて考えていくとして、まず、東大の合格者最低点はどれくらいなのか。概要を確認しておきましょう。2018年度のセンター試験＋二次試験（550点満点）の合格最低点と得点率を下記に記します。

文Ⅰ　355点、64・5％
文Ⅱ　351点、63・8％
文Ⅲ　344点、62・5％
理Ⅰ　319点、58・0％
理Ⅱ　311点、56・5％
理Ⅲ　392点、71・3％

東大入試全体の傾向を見ると、理Ⅲを除く、二次試験の得点率は、60〜65％。センター試験については合格者の平均点は110点満点で90点くらいなので、二次試験でいえば、文系で得点率60％前後、理系だと50〜55％と推計されます。「**半分強の得点で合格できる可能性がある**」と考えれば、試験に対する見方が変わってくるのではないでしょうか。

苦手科目があっても挽回できる

「不得意科目切り捨て戦略」は高2から

東大入試では、センター試験の点数900点満点が110点満点に圧縮されるため、総得点に占める割合が5分の1にとどまります。つまり、残りの5分の4を占める二次試験でいかに点数を取れるかがカギとなります。

二次試験では多少不得意科目があっても、他の科目で挽回することができます。

たとえば、センター試験で8割（88点）の理Ⅰの受験者なら二次試験で、319－88で231点取れれば合格できることになります。国語が苦手なために80点のうち20点しか取れなかったとしても、英語、数学が得意で、120点中70点を取れば、理科は120点中75点を取れば、計235点で合格者の最低点をクリアします。

国語　20点／80点
英語　70点／120点

数学　70点／120点
理科　75点／120点

これは、センター試験（共通テスト）の国語も同様です。二次と比較すれば問題はやさしいので6割までは練習でとれますから、英語と数学が得意であれば合計で8割は確実にカバーできます。

実は、私自身も、東大を受験するときに苦手科目を持っていました。国語の点数があまり伸びなかったのです。それでも理Ⅲに合格できたのは、他の得意科目の点数でカバーできたからです。私は最悪の場合、国語で20点になったとしても、他の科目で点数を伸ばせば合格ラインには届くと想定して勉強していました。

もちろんバランスよく得点できたほうが合格圏内に達しやすいのは事実ですが、それでも試験科目は4教科あります。不得意科目がひとつあってもあきらめないでチャレンジしてほしいものです。

ただし、不得意科目切り捨て戦略は、高校2年生くらいになってから。中学生のうちから「数学は苦手」「国語は無理」と決めつけ、勉強しないという態度は考えものです。

東大受験のテクニックは将来にわたって使える

合格というゴール達成にむけた「しくみ」

私はときどき、パーティなどで「和田先生の本を読んで大学に合格しました！」と挨拶されることがあります。

その中のひとりに、河野英太郎《こうのえいたろう》さんというコンサルタントがいます。河野さんは、岐阜県に生まれ育ち、周囲に東大に行く人のいない環境で、私の本を読んで東大受験を思い立ったそうです。見事東大に合格し、日本アイ・ビー・エムなどの会社で活躍したそうなのですが、中でも面白かったのは、これまでの経験から「テクニック」の重要性に目覚め、仕事のコツを紹介する本を執筆したということでした。

河野さんが執筆した『99％の人がしていない たった1％の仕事のコツ』（ディスカヴァー・トゥエンティワン）は大ベストセラーとなり、『99％の人がしていない』というタイトルのシリーズで軒並みヒットを飛ばしています。

彼を見ていると、**東大に合格したという「肩書き」が人生を変えるのではなく、東大に**

合格するために工夫したことが人生を変えたのだということがわかります。

私の知人にも、東大を経て起業し、成功を収めている人が何人もいます。

東大受験のメリットは、受験テクニックを身につける過程で、物事を計画し実行するプロセスを学んでいくところにあります。ビジネスの世界でいえば、いわゆるＰＤＣＡサイクルが身につくのです。

私が灘高で身につけたのも、学力というより、その種のスキルであったように実感しています。**灘高の生徒は、東大受験にあたって、まず東大入試のしくみを知り、それを分析するところからスタートしていました。**こうしたスタンスは、当然、社会人になってからも大いに活かされます。

何度も繰り返しますが、東大入学は目的ではなく、あくまでも手段です。大切なのは、東大合格までに身につけたスキルを活かして、その後の人生をどう切り開いていくかです。

そのためには、東大受験に限らず、物事にはしくみがあると理解しておく必要があります。しくみを知れば、そのしくみを踏まえて、上手くいく方法を自分で考えて行動するようになるのです。

「東大に合格できる力」が人生を切りひらく

勉強せず高3まで将棋一筋だった「東大生」の話

私がご紹介している代表的な受験テクニックのひとつが「**暗記数学**」です。

暗記数学は、解法をたくさん暗記したうえで、さまざまな数学の問題を解いていく勉強法です。

この暗記数学を身につけるという構造は、将棋というゲームで強くなるのと共通しています。というのも、将棋は、ただ指し方のルールを覚えて、ひたすら対局を積み重ねれば強くなるのではありません。膨大な棋譜（対局の記録）を覚えて、状況に応じた対応のパターンを身につけることで上達できるわけです。

受験の数学では、いくら公式や定理を覚えても、それだけで数学の問題が解けるわけではありません。解法パターンを覚えることで、さまざまな問題に対して対応できるというしくみです。

以前、私が経営する通信教育のアルバイトの東大生の中に、たまたま将棋の奨励会（将棋のプロ棋士を養成する機関）に中学3年まで在籍していた学生がいました。彼は将棋のプロになる道を挫折し、奨励会を退会することになったのですが、それまで一度も学校の勉強をしたことがなく、ひとまず受験のハードルが低い都立の新設高に入学しました。

そのまま漫然と高3まで進級していたのですが、あるとき彼は、私が書いた『数学は暗記だ！』（ブックマン社）という本を見つけて、直感的に「これは将棋とまったく同じだ」とピンと来たといいます。

実際に「暗記数学」を実践してみたところ、果たして将棋と同じ要領であることがわかり、奨励会時代の将棋の勉強を思い出しながら数学に取り組んだところ、みるみる成績が上昇。ついには学校が始まって以来、初めて早稲田大学（理工学部）に合格したというのです。

ところが、話はそこで終わりません。彼は、

「**テクニックを身につけただけでこんなに成績が上がるのだったら、東大にも合格できるかもしれない**」

と考え、早稲田大学に進学しながら東大受験を目指すことにしました。結果、目論見通り東大に合格し、私の通信教育でアルバイトをするようになったのです。

彼はその後、大手新聞社の就職試験もパスし、記者として活躍をしています。

彼がお手本を見せてくれたように、受験のテクニックは、合格する力を与えてくれるのはもちろん、その後の人生を生き抜く力をも与えてくれるものだと思います。

受験学力を身につけておけば、その後就職試験や資格試験にも明らかに有利ですし、将来的に、大学院に進学したり、海外のビジネススクールでＭＢＡを取得したりする道もひらけます。

たとえば、同じアナウンサーでも気象予報士の資格を持っている人のほうが、仕事で使ってもらえる幅が広がるのは間違いありません。

私は、東京の文化放送という放送局でラジオ番組に出演する機会があるのですが、アナウンス部に在籍するアナウンサー17人のうち、気象予報士の資格を所持しているのは２人だけだそうです。それだけで一生の職が確保されるともいわれています。

おそらく、合否を分けるのは数学ができるかどうかだと、私は勝手に考えています（もちろん、受験対策の時間を取れないほど忙しいアナウンサーの方がいるのも存じ上げているので一概にいえませんが)。

私の弟も、東大在学中に司法試験に合格しました。

私の灘高時代の同級生のうち、東大の文Ⅰに合格したのは41人ですが、司法試験に合格したのは、わずか3人。

現役合格に限っていえばたった1人しかいません。

弟が合格できたのは、暗記数学のテクニックを司法試験の勉強に応用したからではないでしょうか。

やはり、一度テクニックを身につけると、将来にわたってそれが人生を支えてくれます。「芸は身を助ける」とはよくいったものです。

2章

東大合格までの「和田式カリキュラム」

中学受験に失敗しても、あきらめる必要なんてない

子どもに「自分は頭がいい」と思わせる効果

都市部には、中学受験塾も私立の中高一貫校もたくさんあり、中学入学後も進学塾が充実しています。環境という意味では、地方と比較して優位にあるのは事実です。

ただ、残念なことに、こういった環境にないからといって東大受験は無縁だと考えてしまう親子が少なくありません。また、中学受験にチャレンジした場合、失敗したことによって、もう見こみがないとあきらめてしまうケースも多く見られます。

特に問題があるのは、親のほうです。中学受験の失敗を引きずるなんて、もったいないだけでなく不幸です。**親が子どもに「自分は頭が悪い」と思わせて、よいことなどひとつもありません。**

思い返せば、日本では太平洋戦争の間、勉強をしたくてもできないという経験をした人がたくさんいました。また、日本が貧しかった時代には、家計が苦しくて進学がかなわなかった人も少なくありませんでした。

そういった背景もあり、戦後は、子どもを大学に進学させたいという親たちの痛切な願いが爆発します。団塊の世代（1947〜1949年生まれ）を中心に受験戦争が起こりました。もっとも、当時はまだ大学の進学率も低く、高校の進学率も7〜8割程度でしたから、必死に勉強をしても大学に進学できない人が大勢いました。

私（1960年生まれ）の親は、いわゆる「昭和1ケタ世代」です。この世代の人たちも、子どもの勉強に熱心で、非常に前向きでした。10代のころに戦争によって奪われた学校生活を、せめて子どもには満足な形で送らせたいという願いが強かったのかもしれません。

少なくとも私の母は、私たち兄弟に向かって「自分は頭が悪い」などと思わせるような発言は一切しませんでした。それどころか、折に触れて「お前たちは頭がいい家系に生まれたのだから、幸運に感謝しなさい」などとけしかけていました。

今となっては何を根拠にいっていたのかも、よくわからないのですが、その思いこみに全面的に乗っかったのが「はじめに」で紹介した私の弟でした。弟は、根拠もなく「自分は東大に合格できる」と信じ、中学受験に失敗したのに、私から教えられた勉強法を実践して、本当に東大に合格してしまったのです。中学受験に成功したかどうかは、東大合格と無関係なのです。

東大受験は6年あれば攻略できる

1年あたり1000の英単語を覚える意味

私が灘中に入学したとき、英語の先生から最初の授業で言われたことが、今でも頭に残っています。

先生は、中学に入学したばかりの私たちに向かって、こう言いました。

「**中学3年間で身につける英単語は1000語だけど、大学受験に必要とされる英単語の数は6000語とされている。要するに中学は義務教育だから、カリキュラムがものすごくやさしくできているわけだ**」

先生は、そのあとこう続けました。

「馬鹿正直に、中学3年間で1000語の英単語を覚えていたら、高校になってから3年間で5000語を覚えなくてはならなくなる。これでは非常にバランスが悪いでしょ？　だから、**中1から高3までの6年間で1年あたり1000語を覚えていこう**」

言われてみれば、たしかにそのとおりです。

先生が言うスケジュールで行けば、中1で1000の英単語をマスターしますから、その時点で中3レベルまでの勉強を終えないといけないことになります。

それを聞いて、私は初めて「**大学受験までの6年間のペース配分**」という発想があることを知りました。

次に、数学の授業が始まると、先生がやはり似たようなことを言います。

「君らみたいに灘中の試験をパスした人間にしてみたら、中学校の数学なんて、居眠りしながらでもできるでしょ。ところが高校になったら、さすがに教科書は難しくなるよ。僕は、数Ⅰから数Ⅲまでを高校の3年間でやるのは無理だと思っている。だから、4年かけて高校の教科書を学ぶことにしよう」

先生が言うには、つまり**中学校の教科書は中1の時点ですべて終わらせ、中2、中3、高1、高2の4年間で高校の数学をじっくり学ぶ**、というわけです。

では、高3の1年間はどのように使うのかというと、高3は大学受験対策に特化するというのです。

しかも、灘校が進んでいたのは、ただ授業をしてカリキュラムをこなすだけではなく、徹底的に問題集を解いて、「受験に勝つ学力」をつけさせていたことでした。

当時、東京の進学校は、こういった柔軟なカリキュラムを組んで大学受験に備えていませんでした。灘高が東大の文Ⅰや理Ⅲ、京大医学部の受験において圧倒的な強さを発揮していたのは、こうした背景があったのです。

私は鉄緑会という学習塾を東京で立ち上げました。

なぜ進学塾を立ち上げたかというと、当時はまだ東京に知られていなかった灘校の勉強のやり方を導入すれば、東大、とくに理科Ⅲ類の合格者を確実に増やすことができるだろうと見こんだからです。

実際、私の思惑通り、鉄緑会は理科Ⅲ類の合格者では圧倒的な強さを誇っています。残念ながら、資本を出していないこともあって、私はこの塾をやめることになりましたが、灘校式の勉強法は、東京でも東大理Ⅲの合格者を増やすことになり、やはり「6年計画」がいかに重要かを再認識しました。

今でも、6年間の過ごし方を灘校式にするのは有効です。

ただし、中学受験を経験していない人に、灘式のスタートダッシュをそのまま適用させると、ハイペースについていけなくなる恐れがあります。

だから、前述の磐城緑蔭中学校では、最初は中学受験で身につく「基礎学力」のレベルに追いつくようなカリキュラムをとっています。

6年間勉強漬けで、ただただ、上から出された膨大な宿題についていくという現状の鉄緑会のやり方は、できる子にとっては合格実績を上げるけれど、自主的な勉強法の工夫などをしなくなるし、できない子には不要なコンプレックスを与えるので、私は批判的に見ています。自分が不本意な形でやめさせられたからそう考えるのかもしれませんが。

いずれにしても、6年間のトータルで東大受験に必要な学力を身につけるという原則を、どうか忘れないようにしてください。

自分で「6年間のカリキュラム」を作る

なるべく「先取り」でいけば相当有利に

そもそも中学3年、高校3年という区切りを意識しすぎるところに問題があります。日本では戦後すぐの1946年に学制改革が行われ、現在の「6・3・3・4制」へと学校体系が変更されたわけですが、当時の大学進学率は非常に低く、高校教育は大学進学を念頭に置いていたわけではありませんでした。

一方で、中学教育は義務教育ですから、そもそも受験や進学を想定したカリキュラムになっていません。

本来であれば、高校進学率、大学進学率の上昇に合わせて、6年間の学習スピードを見直す必要があったのですが、うやむやなままここまで来てしまいました。結果として、中学のカリキュラムがスカスカで、高校のカリキュラムが超過密という問題が生じるようになったのです。

理想をいえば、少なくとも中1のときに中2までのカリキュラムは先取り学習でクリアしておきたいところです。

中1時点で中3までの勉強をクリアすれば、相当有利になるのは確実です。少なくとも中2までに中学の勉強を終わらせておけば、中3時には高1の勉強に手をつけることが可能です。

普通に考えて、中3時点で高1の勉強に取り組んでいた人のほうが大学受験においては圧倒的に有利です。

特に、東大受験を考えるなら、中3のときに高1の勉強に着手していないと、絶対的に不利な状況に追い込まれます。

そして高3は、できるだけ志望校合格のための課題克服に時間をかけたいところです。

たとえば、高3の初めに東大文系の過去問題に取り組み、440点満点で150点しか取れなかった場合、あと110点を1年間でどう上げていくかを考えます。

東大の入試問題では、たしかに英数国は難問が多いですが、理科社会はそれに比較すると難易度は低めです。

自分の得意不得意や、点数の取りやすさなどを踏まえて、どの教科で「あと何点伸ばすか」を明確に意識して、計画する作業が必要です。つまり、大切なのは自分でカリキュラムを組み立てることなのです。

特に新しい大学入学共通テストは、英語や論述で特殊な対策が必要になる可能性があります。

東大の入試に面接や小論文が課されるようになれば、その対策も必要です。

そのときそのときの最新の対策を最後の1年でできるように、なるべく先取りで勉強し、最後の1年は、受験専門の対策に取っておきたいものです。

基本は「中学受験」の基礎学力
土台をまず、つくることから

私は長年にわたって「数学は暗記だ」と唱えてきました。

ここにも誤解があり、「解法を丸暗記しなければならない」と考えている人がたくさんいます。

しかし、東大合格者でも10行くらいの長い式を丸暗記できるわけではありません。暗記するうえで「なぜそうなっていくのか」という理屈がわかるというのが絶対的な条件になります。理解できていれば、10行でも20行でも解答は覚えられますが、理解していなければお手上げだからです。つまり、**暗記数学は、基礎学力があって、はじめて成立する勉強のやり方**ということです。

これは数学に限らず国語も同じです。

中学受験の国語では、「それ」というのが何を指すのか、この段落とこの段落をつなぐ接続詞は「しかし」なのか「それで」なのかといった、基礎的な読解のトレーニングが要求されます。基礎的な読解のトレーニングを身につけておくと、文章が高度になっても対応できます。

しかし、こうしたトレーニングに取り組めるのは、小学生の間では、中学受験塾くらいでしょう。

小学校の国語の授業では、「〇〇君はこのように思っていた」などと漫然と解説するだけなので、読解のトレーニングをしている子との差が圧倒的についてしまうのです。

受験生は、「東大合格者がみんな使っている参考書がある」と言われると、無条件に飛びつく傾向があります。

ここで参考書に取り組んでも結果が出ない受験生は、自分に実力がないと考えます。「やっぱり東大に合格するような人は最初から頭の出来が違うんだ」などと、あきらめモードになるのです。

しかし、それは根本的に間違っています。

ポイントは、もっとずっと手前の「基礎学力」にあります。それがないから、かなりわかりやすい参考書を読んでも理解できないのです。

中学受験は、基礎学力を身につける機会として有効に機能しています。必然的に、中学受験をする子どもが多い都市圏が有利なのは否めません。

逆にいえば、中学受験を経験していない子は、まず中学受験時の基礎学力を身につける必要があります。

たとえば、前述の磐城緑蔭中学校の場合、中1の1学期は徹底的に中学受験用の計算問題や国語の読解問題に取り組んでもらうようにしています。英語であれ、数学であれ、国語であれ、この基礎学力を身につけるという過程が重要なのです。

中学受験をせずに、東大を目指すときのポイント

「中学受験」が向かない子もいる

中学受験の経験者が中1時点で有利に立っているのは間違いのない事実です。

中高一貫校が基本的に恵まれていると思うのは、勉強の計画が立てやすい点です。

高校受験をする人は、どうしても中3時点で高校受験勉強に多くの時間を割くことになります。なかなか高1の勉強を先取りしようという発想に至らないのです。

ただし、**中学受験に向かない子もいます**。

中学受験の算数は抽象思考の能力が高い子が有利であり、残念ながらこうしたセンスに乏しい子もいます。受験に向かない子に無理をさせても、かえって自信をなくし、「自分は頭が悪いのだ」という劣等感を持ちかねません。

中学以降では、数学の問題を解くときに方程式が使えますから、抽象的な発想やひらめきがなくても愚直に解法パターンをマスターすれば、ある程度の点数は獲得できます。

中学受験と比べれば、高校受験や大学受験はひらめきが必要とされない。

まずは、この点をよく理解しておくべきです。

また、**無理矢理上位校に最下位合格したがゆえに、入学後に劣等感を抱えて苦しむ**タイプの子もいます。

上位校で下位に甘んじている子と、中堅校でトップクラスの子を比較すると、後者のほうが東大進学率が高い印象があります。やはり、「勉強ができる感」を持ち続けることは受験においてプラスに働きます。

中高一貫校でなくても、今のご時世は、独学でも勉強できる手段はたくさん用意されています。

たとえば、動画を利用した高校生向けの予備校の授業を、地方の中3が受講したいと申し込んだら、おそらく断られることはないと思います。

また、できる子であれば、中学生にもわかりやすい高校生向けの参考書などは、数多く出されています。

中学受験を経験せずに東大を目指すなら、勉強に対して前向きな校風の高校を選ぶべきです。勉強ができるといじめられるような高校ではなく、むしろ勉強ができるとモテるような高校が理想です。

しかも宿題をなるべく出しすぎない学校が望ましいといえます。

自分のペースで自分に必要な勉強に、ピンポイントで取り組む時間を確保できるからです。

どうしても塾や自宅で勉強ができない場合は、ある程度、強制力のある学校で学力をつける方法もあるでしょうが、現実的には学校の宿題だけで東大を目指すのは困難であると知っておくべきです。

中学受験しないなら、「先取り学習」を小学生から始める

英語と数学は入りやすい

先取り学習が有利なのは前述の通りですが、中高一貫校に入らなかった場合、高校受験の勉強と並行してやらないといけないので、それだけの時間が取れないと考える人も多いでしょう。

もし、中学受験をしないのであれば、その時間を先取り学習にあてるという手もあります。**小学5年生くらいから中1の勉強をすればいいのです。**

英語は、中1で習うのは基礎の基礎ですから、小学5年生でも十分に理解可能なはずです。問題集を並行してやれば、それだけの学力は確実に身につきます。

数学も、中1で習うのは正負の数や、文字式の基本ですから、むしろ中学受験の算数の問題よりやさしいくらいです。問題集を繰り返しやって、方程式に慣れれば（中学受験ではこれを使うのは原則禁止です）、大学受験には確実に有利です。

中学受験をする人がかけるくらいの時間の半分でも先取り学習に使えば、小学5年生か

らの2年間で、うまくいけば中学レベルを終えることはできますし、1年で1年分進むとしても、中2まではマスターできます。

そうしておけば、高校受験でもかなり有利ですし、中学校の間に高校の勉強をするのと、高校受験の勉強（これは基本的にこれまでの勉強の復習ですみます）を両立させることは十分可能です。

ただし、中学受験用の国語は、読解力の基礎学力をつけるために必要ですし、漢字もしっかりやっておくと、あとあと有利です。

またゆとり教育の名残りで、算数の四則計算がおろそかにされがちなので、速く正確な計算力を中学受験用の問題集で身につけることは大切です。

センター試験は変わっても、化学や生物の計算問題は、原則的に四則計算ですから、この計算が速く正確にできるほうが有利ですし、できないとかなり不利になります。

中学受験を捨てる覚悟ができて、「先取り学習」を行うにしても、国語の読解トレーニングと計算練習は小学5年生、6年生の間にやっておきたいものです。

灘中で落ちこぼれになってしまった私が「逆転合格」できた理由

「2つの勉強法」で追いつけた

中高6年間で東大合格を目指すには、手を抜かずに（ただし、多少の時間的余裕をもって）計画的に勉強を続ける必要があります。その重要性をお伝えするために、**あえて私自身の落ちこぼれ体験を振り返ってみたいと思います。**

私は灘中の受験に合格し、中高の6年間を灘校で過ごしました。中学受験のために通っていた塾では、先生から「灘に合格できれば、ところてん式に東大に入れる。灘中に入るための受験勉強は大変だろうけど、これを乗り越えればラクになると思ってがんばりなさい」という話を繰り返し聞かされました。

この話を真に受け、上位5番という成績で灘中に合格したこともあって、私は、勉強の手を緩めてしまいました。親も、灘中に合格したことで安堵したのか、勉強については何も言わなくなり、結局1年半ほど遊んで暮らす日々が続きました。

その間、**成績は急降下し、気がつけば立派な「落ちこぼれ」の仲間入り**をしてしまったというわけです。

後から知ったことですが、このときに逆に成績トップクラスに入った同級生たちは、灘中に合格してからも、せっせと勉強に励んでいました。灘のような進学校には、医師や弁護士など高学歴を持つ親が多く、こうした親たちは東大受験の厳しさを身をもって体験しています。「灘中に合格すればところてん式に東大に合格できる」などとはみじんも考えず、中3までの勉強を終える中1こそが勝負と考えて、子どもたちに熱心に勉強させていたのです。

私の父親は関西の私大を卒業、母親は高卒という学歴でしたから、難関大学受験がどんな世界なのかを知りません。中学受験塾の先生と同じように、灘中にさえ合格すれば東大に行けると信じて疑っていないようでした。

中2になると、もうトップクラスの同級生との差は、あまりに大きなものになっていました。さすがに焦った私は、とにかく英語だけでもなんとかしようと考えました。アメリカ人なら子どもでも話している英語、勉強すればなんとかなりそうだと思えたからです。

とはいえ、授業を真面目に聞いてもついていけません。灘では中2時点で中3のカリキュラムを終えていたのですから、当然です。そこで、授業を理解しようとするのはあきらめ、中1の教科書に戻って独学でやり直すことにしました。

毎日英語に注力していれば、自己流でもそれなりに実力がついてきます。ラジオの基礎英語を聴き、教科書の英文を辞書を引きながら訳していくという単純な勉強法でしたが、中3の中ごろになると授業にやっと追いつけたという感覚がありました。

そうなると嬉しい気持ちになり、高1になるころには英語は得意科目として自信が持てるようになっていました。もし、あのとき私が独学を選ばず、塾に頼って実力を伸ばそうとしたら、おそらく失敗していたのではないかと思います。

塾の授業は「先取り」が基本ですから、中1レベルに戻ってやり直してくれることはありません。そもそも、当時、灘に通っていた生徒で塾に通っている人はほぼいなかったので、「塾に行く」という発想自体がなかったのですが。

ともあれ、英語を得意科目にできたことは、私にとって大きな成功体験となりました。

まずはあれこれ手を出さずに

①特定の科目に集中することと、

②できなくなった地点に戻って勉強をやり直すこと。

この2つが、私の勉強法の基礎となったのです。

「英数先行型」が、東大合格への第一歩
得意科目をつくり、精神的余裕を生む

私立の有名中高一貫校が東大への多数の合格者を送り出している理由の大きな要素が、前述の先取りカリキュラムです。こうした進学校では、中1から高2までに中高6年間の勉強を一通りクリアし、高3の1年間は志望校向けの受験対策に注力しています。

普通の高校生でいうと、「高校3年間」＋「1年間の浪人」に相当する勉強を、高校在学中に終えるということです。受験に強くなるのも当然です。

ただし、何でも先取りすればよいというものでもありません。すべての教科を高2までに終わらせようとすると、パンクしてしまう可能性があります。

そこで、**私は、英語と数学の2教科にしぼって先取り学習を進め、ほかの科目は高3になってから本格的な受験対策に取り組む戦術**を取っています。これを「**英数先行型**」カリキュラムと名づけています。

もちろん、英語と数学を先行させている間、国語や理科、社会などにまったく手をつけ

ないわけではありません。こういった教科は、学校の授業や定期テスト対策で主に対応します。つまり、学校にいる間にこなしてしまうイメージで、定期テストの対策時以外は、極力家に持ちこまないようにします。英語と数学に専念する「自分の勉強」と、それ以外の科目の基礎を固める「学校の勉強」を上手に両立できるかどうかが、英数先行型を成功させられるかどうかの分かれ目となります。

英語と数学が順調に伸びてきたら、高2の夏休みくらいから他の科目にも着手します。ただし、ここでも複数の科目を同時に進めるのではなく、「1科目ずつ仕上げる」というイメージで取り組みます。

1日に3科目も4科目も同時並行で勉強すると、さまざまな知識が混じり合って、頭の中でうまく整理できなくなることがあります。これは心理学の実験でも間接的に証明されています。1科目ずつ順を追って仕上げると、「まずこの1科目は仕上がったから大丈夫」という精神的な余裕が生まれます。たとえば、国語の古文が仕上がっていれば、余裕を持って世界史や日本史に取り組むことができます。得意科目を先に仕上げておけば、得意科目で確実に点数を稼ぐことができます。あとは合格者の最低点から得意科目で取れる点を引いて、苦手科目の目標点を下げられるというイメージで取り組めばよいのです。

「東大に行きたい」という強い気持ちを持とう

「親が……」で決めても力は出ない

6年間で東大合格を目指すには、学校の勉強の中で「使える部分」は最大限に活用しながら、並行して自分の勉強を進める必要があります。

そのためには、中1の時点で、「東大合格」という目標をしっかり自覚しておくことが肝心です。

ただ、「東大に合格する」だけでは、動機として不十分です。東大に合格して、自分は何をやりたいのか、どんな人間になりたいのかを考えておかなければなりません。

灘や開成などのトップ校では、医者や弁護士、官僚を目指すという明確な目的を持って中学に入学してくる生徒がいます。特に、親がそういった職業に就いている場合、親をロールモデルにして進路を考えるケースが少なくないようです。

あるいは、「最高峰を目指したい」「負けたくない」という動機で東大を目指すのもいいと思います。たとえば、「社長になって儲けたいから東大」といった動機でもかまいません。むしろ中学生らしい野心にあふれていて好感が持てます。

こうした素朴な上昇志向の持ち主を、「他者の気持ちがわからない」などと批判する向きもありますが、私はまったく筋違いだと考えています。

私自身、「医者になれば好きな映画の資金を稼ぐことができる」という不純な動機で東大理Ⅲを目指しましたが、実際に医者になってからは誰よりも一生懸命に勉強し、いい医者になるために努力したという自負があります。

どんな動機であっても、自分自身が東大に行きたいという強い気持ちを持つことが大事です。

「親が期待しているから」だけでは、勉強のモチベーションが長続きしません。

私が聞く範囲でも、親が「東大を出て医者になる」という選択肢を一方的に押しつけた結果、子どもの反発を招いてまったく勉強しなくなったケースもあります。子どもの性格にもよりますが、親の願望で動くこと自体がイヤという受験生もいます。

親の願望を伝えること自体はよいのですが、それが押しつけと感じられないような伝え方が求められるのです。

「東大にあこがれさせる」こともかなり大事

身近な人が合格したら「自分もできる」と思える

私の親戚に、兄弟3人とも東大に進学した家があります。

その家は、親の態度が常に傲慢で冷たかったこともあり、親戚中から「東大に入っても、性格が悪ければ意味がない」などと陰口をたたかれていました。いわば親戚中の鼻つまみ者だったのです。

ところが、私の両親だけはなぜか別でした。「やっぱり東大に入るなんてすごいな」と褒め続けていたのです。それを聞いて子どもだった私たち兄弟は素直に「東大ってすごいんだ」と思い、その後、自然と東大を目指すようにもなりました。一方で、悪口を言っていた親戚の家庭からは東大への進学者は出ませんでした。

今となっては、私の両親がなぜ、そうした態度をとっていたのかは不明です。素直に賞賛していたのか、私たち兄弟をその気にさせるために演じていたのか、どちらかよくわかりません。**ただ私たち兄弟が、東大にあこがれて、東大を目指した、というの**

は間違いのない事実です。

子どもに東大を目指してほしいのであれば、東大にあこがれさせるような環境作りを、親は意識してほしいと思います。

また、東大にあこがれるのと同時に、**東大を「身近に感じる」というのも重要**なポイントです。12ページで、弟が東大に合格する姿を見て、同級生やたくさんの後輩が後に続いたというお話しをしました。私が灘校に進学して良かったと感じたのは、実際に近くで接して、アホに見えた先輩たちが東大に多数合格している姿を見て「**自分も合格できる**」という実感を持てたことでした。

しかも、卒業した先輩から東大生の日常についての情報もたくさん入っていたので、入学後の生活を想像することもできました。

たとえば、「理Ⅲに入れば、家庭教師の時給が5000円だ」などという情報を耳にしたことで、私は理Ⅲを目指す決意を新たにした記憶があります。なんとも現金な話ですが、意外にこういった要素が、受験を勝ち抜くときのモチベーションにつながるのです。

東京へ行く機会があったら、東大のキャンパスを歩いてみるのも有効です。「東大生を見たことがなかったけど、案外、普通なんだな」と知るだけでも大きな意味があります。

まずは「勉強の習慣」を作る

歯みがきのように「当たり前」に

東大受験を考えるうえで、もっとも基本かつ重要なのは「学習習慣」です。

当たり前のようでありながら、意外にできていないのが、毎日の学習習慣です。

歯みがきが習慣化されれば、歯をみがかないのがどうにも不快に感じます。入浴が習慣化している人は、入浴できないと不快に感じます。

勉強も同じです。

勉強が習慣化されると、勉強していないとバカになったような不快感を覚えるのです。

まずは、この状況を早めに作っておくことが大切です。

とはいえ、押しつけで上手くいくほど勉強の習慣化は単純ではありません。それは大人の多くが同意するはずです。

私自身、学生時代に完璧に学習が習慣化されていたかといえば、そこまでの自信はありません。社会に出て、このように書籍を執筆するようになり、幸か不幸か長らく「大学教授」という肩書きも持たなかったことから、実力がすべての世界で生きていくために、知らず知らずのうちに、勉強が習慣化されました。毎日、本を読んだり、調べ物をしたりしていないと、バカになったような気がして耐えられないようになったわけです。

中学から6年計画で東大受験をスタートする場合、最初は、1日1時間程度の家庭学習をこなしていくことが重要になります。

まずは、「できる」という実感が肝心です。モチベーションを維持しながら基礎的な学力をつけるのが先決です。

私がコンサルタントをしている磐城緑蔭高校では、先にも記しましたが、生徒数が1学年20人もいないにもかかわらず、3年連続で福島県立医大への合格者を送りこみ、東大模試でA判定をとる生徒も出てきています。これはけっして、何か特別なことをしたわけではありません。

「**6年間で大学に合格する**」

というシンプルな目標から逆算して、最初の半年は基礎的な学力の獲得に注力したことが非常に大きかったのではないかと考えています。

中学受験を経験しなかった場合は、まずは中学受験経験者との実力差を埋めるのが先決です。

中1の前半は、中学受験用の計算問題集と国語の読解を繰り返す方法がもっとも有効です。そこで1日1時間程度の宿題を毎日継続してもらうところから始めました。

数学に関しては、あえて中学受験用の図形の問題に取り組む必要はありません。**文章から式をつくる「文章題」と呼ばれる形式の問題を繰り返すことが肝心です**。

中学受験のように方程式を使ってはいけないというルールにとらわれず、文章から方程式を作ってもかまいません。この、文章を式に変えていくトレーニングは重要です。

学年が上がるにしたがい、徐々に勉強時間を増やしていきましょう。

「1コマ90分」で勉強を続ける

「勉強し続ける」という習慣のパワー

中高6年を有効に使うには、なんといっても「毎日コンスタントに勉強する習慣」をつけることが肝心です。

極端に勉強をする時期と、勉強しない時期で波がある生徒よりも、コンスタントに勉強している生徒のほうが合格率は確実に高いといえます。

毎日コンスタントに勉強を続ける方法は、圧倒的に要領のいいやり方であると知り、できるだけ早めに勉強を習慣づけたいところです。

最初は1時間からスタートしてもいいとお伝えしましたが、慣れてきたら「1コマ90分」単位で勉強する方法を推奨しています。学校の授業よりも長いですから、ちょっとキツく感じられるかもしれません。

しかし、「1コマ90分」には理由があります。

まず、ある程度まとまりをもった内容をじっくり勉強しようとすると90分くらいはかかってしまうものです。予備校や大学の講義がだいたい90分単位なのも、内容が濃いことを教えるには、それくらいの時間が必要だからです。

そしてもうひとつの理由として、**1コマを90分にすると集中力のピークを長続きさせられる**というメリットもあります。

たとえば英語の長文読解をするとき、辞書を引きながら訳すと、あっという間に30〜40分は経過してしまいます。1コマ45分で設定していたら、それ以上のことはできなくなります。いったん休憩してから再開するにしても、集中力がとぎれてしまうので、ふたたび高めるのに時間がかかります。

1コマ90分で設定しておけば、集中力のピークを持続させながら使うことができます。30分過ぎに集中力のピークがくるとして、調子のいいときには残りの60分を集中力を保ったまま勉強することも可能です。これが身につくと、大学受験の試験時間は90分くらいのことが多い（東大では150分の科目と100分の科目がありますが）ので、やはり有利になるのです。

さて、毎日1コマ90分で勉強すると考えたとき、**家に帰ってから勉強できるのは、せいぜい2コマ、がんばって3コマが現実的です。**

東大を目指すには時間が足りないと感じられるかもしれませんが、

・毎日コンスタントに勉強する
・勉強時間は集中する
・きちんと復習する

という原則を守っていれば十分合格を狙えます。

無理をして途中で挫折するくらいなら、１日３時間の勉強を継続したほうが、はるかに効率的なのです。

現実問題、学校だけでは受験に対応できない

今の自分に必要な「勉強」は何か？

「学校の勉強と両立できない！」

私が運営している通信教育を退会する人の8割くらいの人が、この理由を挙げます。

通信教育を退会すること自体はかまいません。他にもっと自分に合った勉強法が見つかったのなら、それを試すというのは健全な判断です。

ただ、学校の勉強を優先すると聞くと、少々心配になります。学校の勉強を優先させている限り、どう考えても東大や医学部などに合格するのは難しいからです。

そもそも、**高校で東大に合格できるような勉強をピンポイントで伝授してくれるわけではありません**。高校は、予備校のように入試対策に特化した（これとて、志望校別の対策はまずしてくれませんが）機関とは違います。灘高でも、おそらく学校の勉強だけをしていたら、東大合格は難しいと思います。私が灘高生だったころから、東大受験対策は各自で行うもの、という考えが徹底していました。当時は、大学受験向けの塾や予備校が少な

かったこともあり、生徒同士で過去問対策を行ったりして、東大受験に備えていました。

今は、参考書や過去問に取り組む以外にも、通信教育や予備校など、対策の手段は多様化していますから、やはり自分に合った方法を選択して取り組むべきです。私の通信教育では、本人の学力に合わせて、志望校に特化した宿題を出します。

注意したいのは、ただ予備校や一般的な通信教育を受講するだけで安心してはいけないということ。受験対策は本人の学力や志望校に合わせて行うものです。予備校に通って漫然とみんなと一緒の授業を受けていたのでは、学校に通っているのと同じです。

作家の林真理子さんたちが、3・11で親を亡くした子どもたちの教育支援に携わっており、特に医者を志望する子どもを応援しています。その中で、あるとき私に医学部を目指す浪人生を紹介されたことがありました。その浪人生は、地元の進学校から現役で医学部を目指したものの、あえなく受験に失敗。予備校の医学部コースで1年の浪人生活を送ったものの、次の受験にも失敗し、2浪目に突入している状況でした。

私がセンター模試の結果を見せてもらったところ、英語が200点満点中、140点という結果が出ていました。1年浪人して勉強したにしては、点数が低すぎます。

ふと素朴な疑問がわいて、本人に尋ねてみました。

「これって、ひょっとして1問がまったく手つかずだったたんじゃないの？」

「はい。その通りです」

「ということは、手つかずじゃなかった問題に関しては、160点満点で140点は取れているってことだよね？　それならあなたの課題はハッキリしているよ。長文を速く読めるようになることが最優先だよね。ところで長文の対策はどれくらいやっているの？」

答えを聞いて、なぜ成績が低迷しているのかがよくわかりました。予備校の英語の授業で、長文読解に取り組むのは秋以降になってからだ、と言うのです。

つまり、前の年に予備校の医学部コースで学んだ勉強を、夏休みまでもう一度なぞってきただけだったのです。私は、すかさず次のようにアドバイスしました。

「今のあなたは、長文読解の練習を繰り返したほうがいいに決まっているよ」

秀才にありがちなのが、とにかく学校や予備校で言われたことをやるというスタンスです。繰り返しますが、学校の勉強だけでは足りないからといって、ただ予備校に通えばいいというのは間違っています。

大切なのは、**今の自分に何が必要かを見極め、選択的に身につける力です**。受け身ではいけません。この力は、もちろん社会に出てからも役立ちます。

「3段階の復習」で、頭にしっかり定着できる！

土曜は勉強の「借金返済日」にする

東大合格に向けて大まかな受験計画を立てたら、計画に基づいて1か月単位のノルマを設定し、さらに1週間単位のノルマを割り出します。

ここでのポイントは、あらかじめ計画の中に復習の時間を作っておくということです。

たとえば、1週間のスケジュールでいうと、平日の月曜日から金曜日までの5日間を、勉強を先に進める時間にあて、土曜日と日曜日には計画を入れないようにしておきます。

計画を立ててもうまくいかずに挫折してしまう人には、共通する問題点があります。

それは、「予定通りに進まないことがある」という事実を考慮せず、ぎっしり予定を詰めこんでしまうところです。

いったん予定から遅れ始めると、挽回するのが難しくなり、すっかりやる気がなくなってしまうというわけです。

そこで私は、**土曜日には先に進める勉強を予定せず、1週間に予定していた勉強量から**

金曜日までの勉強量を引いた取りこぼしをフォローする「借金返済日」として空けておきます。土曜日に「借金」が残っていないときはさらに先に進めてもよいですし、予定とは異なる勉強にあててもOKです。

日曜日にも、先に進める勉強はしません。この日は、1週間に進んだ範囲を復習する時間として設定します。

まずは、日々の復習を意識します。その日勉強した内容を、①短時間でも翌朝に見直して確認する習慣をつけます。②さらに日曜日に1週間の勉強を復習するだけでなく、③月末には1か月に進んだ範囲を復習する月間の復習日も設定しておきたいところです。

これは「**3段階の復習バリア**」と私が呼んでいる、万全の復習体制です。

「忘れる前に復習する習慣」と「忘れそうなころに復習する習慣」を合わせることで、記憶の定着率は格段にアップします。記憶から完全に消えてしまう前に、復習して頭に定着させるというのがポイントです。

もちろん、それだけフォローしても忘れてしまうことはあります。それは仕方のないことです。逆にいえば、どれだけやっても人間は忘れてしまうという前提のもと、復習に力を入れなければならないのです。

1週間の「定着する」勉強法

月　火　水　木　金

勉強の予定を入れておく

↓ しかし！

予定通りには
進まない

↓

土 は「借金返済日」!?

↓

予定を決めず
月〜金の「取りこぼし」を入れる！

↓

日 は月〜土の復習

＼定着!!／

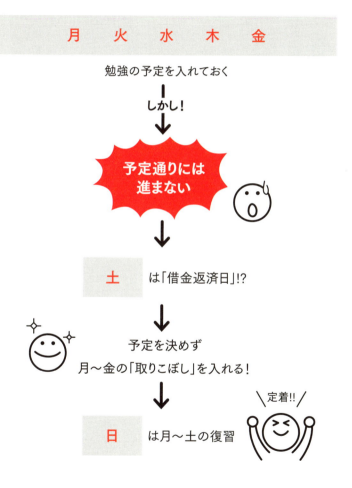

「新聞を読む習慣」が、思わぬ力を発揮する

社会のことを知る「習慣」を

以前、私は講演の依頼を受けて、中国地方にある中高一貫校にお邪魔したことがあります。その学校は、毎年東大への合格者も出ている、県内では、中堅よりちょっと上の進学校です。そこで私は、非正規雇用率や貧困率が上昇している各種の統計数値を引き合いに出しながら、「これからはちゃんと勉強しないと、貧困に苦しむことになる」という話をすることにしました。若くて未来のある彼らに、格差社会の犠牲になってほしくはない、もっと日本の未来を明るいものにしてほしいという期待をこめて考えたテーマです。

ところが、講演のオファーをしてくださった先生の意外な感想を聞いて驚愕しました。

「**和田先生のお話は非常に有意義だと思いますが、この学校の生徒たちには難しいかもしれません**」

理由を尋ねたところ、「**生徒たちはみんな新聞を読んでいないので、社会情勢に疎いところがあるのです**」と言うのです。

なるほど、と腑《ふ》に落ちました。というのも、西日本の場合、中学受験の科目に社会科が含まれないケースが多く、とかく社会科の学習がおろそかになってしまうケースがあるのです。

中学受験の社会科には、さまざまな批判があります。代表的なものが、「歴史の年号をひたすら暗記させたところで、考える力は養われない」というものです。これは典型的な思いこみと誤解です。中学受験の社会では、上位校ほど、練られた問題を出題しています。社会に関心を持つ生徒を獲得しようと腐心しているのです。**東日本の中学受験では、基本的に社会科の試験が入試に課されるので、地理や統計の問題に対応する目的で、多くの子どもが新聞を読みます。**思い返せば、私の娘2人も、中学受験の準備を機に、新聞を毎日読む習慣がつきました。

今、若い世代の新聞購読率が急激に低下しているのはよく知っています。この本を手にする30代、40代の親世代の大多数が、すでに新聞の定期購読をしていないのではないかと推測します。しかし、新聞を読む習慣が身につけば、子どもは社会に関心を持つようになりますし、読解力も必然的に向上します。

中学受験を経験するしないにかかわらず、新聞を読む習慣をつけて損はありません。

高校からでも東大合格を目指すことは可能

実践あるのみ！ 私の弟も高3からエンジンがかかった

本書で紹介する勉強法は、基本的に中高の6年で東大合格を目指す「6年計画」を想定しています。

とはいえ、6年かけないと東大合格は絶対不可能というわけではありません。

現に、「はじめに」では、高校3年になってから灘高の勉強法を身につけた結果、東大に合格した2人の実例をお話ししました。

私の弟に限っていえば、高3になるまで東大を本気で目指していたとは考えられません。あるとき「灘高の勉強法を身につければ自分も東大に合格できる」と思いつき、実践したからこそ、合格できたわけです。

そう考えると、高校から東大を目指すのも無謀とはいえないはずです。大切なのは、東大を志望校として強く認識すること。そして、「今からでもがんばれば、必ず合格できる」と強く念じることです。

学校の先生やまわりの同級生から笑われようが、バカにされようが気にする必要などありません。**自分さえあきらめなければ、東大合格は可能です**。

さて、高校生から東大を目指す場合、6年計画で勉強をしている人と比較して持ち時間は限られています。

そのせいか、焦ってがむしゃらにたくさんの教科に手を出そうとします。結果として、どれも中途半端に終わってしまうケースが後を絶ちません。

私が主宰している通信教育「緑鐵受験指導ゼミナール」では、実際に指導を開始するに先立ち、スタートレベル判定テストと呼ばれる試験に取り組んでもらいます。

そこで**基礎学力が身についていないと判断された場合、高校生であっても、小学校レベルの計算練習からやり直してもらうことがあります**。

たしかに、そのレベルから東大の理系を目指すのは困難かもしれません。

しかし、文系であれば、最低限の点数を確保し、後はほかの教科でカバーする道もあります。実際、計算力がついたことで、数学の実力が飛躍的に向上した例はたくさんあります。

私自身、前述したように、中2のとき、中1の教科書に戻って英語を学び直した経験があります。

毎日英語だけ勉強していたので、いつの間にか学校の授業のレベルに追いつき、やがて得意科目と呼べるくらいにまで実力がアップしました。

あとから振り返ると、あれこれとほかの科目に手を広げず、英語にしぼって集中したのがよかったのではないかと思います。

また、**無理に授業についていこうとせず、わからなくなった地点に戻ってリスタートしたのも功を奏しました**。やはり、高校からでも、焦らず英数を先に仕上げていくのが堅実な手法ではないでしょうか。

そして、高校から東大を目指すなら、特に学校のやり方にしたがっている場合ではありません。学校のレールを外れて、自分の戦術で東大合格への道を切りひらくという覚悟を持つべきです。

学校のやり方を外れて、自分の勉強を進めていくと、学校の勉強はおろそかになります。

一時的に学校の成績も下がるため、先生から横やりが入ったり、親が必要以上に不安になったりすることもありえます。本気で東大を目指すなら、親を説得して理解を得ることも肝心でしょう。

「和田式」が唯一無二の正解とはいいませんが、少なくとも、自分が信じたやり方を貫くことを忘れないでください。

そして、結果が出ないときには、いち早く、ほかのやり方を試しながら効率的な勉強法を探っていく。高校から東大を目指すのであれば、6年計画の人以上に、その点を強く意識する必要があるでしょう。

3章

普通の子が大逆転合格！「和田式勉強法」を身につける

「東大入試の傾向」を押さえておく

入試傾向は時代によって変化する

東大に合格できる「和田式勉強法」といっても、実は非常にシンプルです。私は、1987年に『受験は要領』（ごま書房、現在はPHP文庫）、90年に『赤本の使い方』（ブックマン社）という著書を刊行しました。受験勉強法の原則は、この本で言い尽くされており、今でも基本は変わりません。

要するに、受験勉強をはじめとする、**ありとあらゆる試験は、出題される問題を分析して対策したほうが圧倒的に有利**です。

大学に合格するために必要なのは、偏差値ではなくて、あくまでもその大学の合格最低点をクリアすること。過去問を使った勉強法が、最大の必勝法となります。

私の東大医学部の同級生には、医師国家試験に失敗した人が4人もいました。東大の理Ⅲに合格したのですから、国家試験に受かる学力は十分あるはずです。しかも、彼らの大半は医学部の授業を真面目に受けており、それなりに優秀でした。

では、なぜ不合格だったかというと、国家試験の対策をしていなかったからです。

医師国家試験であれ、司法試験であれ、どんな試験でも「過去問」に取り組まないかぎり、合格は望めません。

特に医学は、内科の教科書だけでも2000ページ近くありますから、出題範囲は膨大。いちいちすべてを覚えていたら、時間がいくらあっても足りなくなります。

もしかすると、彼らは東大受験のときも対策をせずに、ただ愚直に学校の勉強などに取り組み、たまたま合格できたのかもしれません。

大学受験は、学習指導要領の範囲から出題されることになっていますから、学校の勉強をしているだけで合格する人も、たしかにいます。しかし、それはおおよそ非効率な勉強法です。やはり、受験勉強の基本は過去問対策なのです。

東大の入試傾向は、時代によって変化しています。たとえば、英語は口語英語重視になっているなどのトレンドがあります。

ただし、そうであるがゆえに、各予備校では血道を上げて東大の入試問題を分析し、夏期講習などで東大対策の講座を提供しているわけです。そういった夏期講習を受けただけで、のちのち東大に合格したときに合格者実績としてカウントされてしまうのは釈然としないところがありますが、講習の質に限っていえば高いといえますし、受講して損はないと思います。

ちなみに、各予備校が独自に行っている「東大模試」がありますが、それ以外の東大の出題傾向とは無関係の標準問題を集めた模擬試験を受けて好成績を出したとしても、東大向けの受験学力を正確に反映しているとはいえません。

東大模試を受験するのではあれば、出題傾向と配点が本番の試験と対応しているものを受験すべきです。基本的にはそのコンセプトで作られているのですが、本番より難しいものがあるようです。

東大の入試問題についての傾向と対策は、『新・受験技法——東大合格の極意』（新評論）で詳しく解説していますが、要約すると次のようにまとめられます。

①「論理性」を身につける

東大の過去問に共通する傾向は、ひらめきや細かい知識というより、「**論理的にものを考える力**」です。数学の場合、わかりやすく論理的な解答が要求されます。社会も暗記が第一と考えている人が多いのですが、**歴史の流れを論理的に把握する能力のほうが重要**です。つまり、論理的に読解するスキルを養っておく必要があります。

②「表現する力」を身につける

東大入試には、長文の論述問題が多く、表現する力がないと対応できません。英作文の配点が高いのも、表現する力を評価している表れです。**ただ、わかっているだけでなく、それを的確に表現できるかどうか**がカギとなるのです。

③「得意科目」で点数を伸ばす

東大入試では「全教科バランス良く得点できないと合格できない」と思われがちですが、そうとは限りません。苦手科目は最低限の問題を解けるようにしておき、**得意科目で点数を稼ぐのが得策**です。

勉強は時間より「量」が大切

スピードと量を意識した勉強法

東大に合格するには、とにかく長時間勉強しなければならないと考えている人も多いようです。

さすがに、朝から晩まで勉強していれば確実に受かるとまでは考えていないにせよ、合格している人の勉強時間は長いと思いこんでいます。

しかし、本当に勉強ができる人は、ひたすら勉強している人ではなく、たとえば30分しか勉強していないのに、他の人が3時間勉強したのと同じくらいの量をこなす能力を持っています。

同じ数学の問題を解くのでも、5分で解ける人と30分かかる人では、同じ時間勉強したときに、前者は6倍も多く勉強したことになります。つまり、受験勉強で重視すべきは、時間の長さではなくて、あくまでも「**単位時間あたりの勉強量**」なのです。

今、自分より3倍の勉強量をこなせる人と競争しているとしましょう。自分が1日6時間必死に勉強しても、相手が2時間以上勉強すれば、その差は詰まるどころか開く一方です。差を埋めるために勉強時間を増やそうとしても限界があります。それなら、単位時間あたりの勉強量を増やすために、やり方を変えるしかありません。

まずは、意識を変えるところから始めましょう。長時間勉強に頼らず、単位時間あたりの勉強量を高めることに意識を向けます。

そのうえで、実際に単位時間あたりの勉強力を把握してみます。たとえば問題集に「制限時間30分」とあったとき、どれくらいの時間でそれをこなせるかをチェックしておくのです。

単位時間あたりの勉強量を増やすには、いくつかの方法があります。

数学の場合は計算の練習を続けて、それを速くする、5分考えてわからなかったら答えを見て解き方を覚える、英語なら速読の練習を繰り返す、などです。時間を意識してトレーニングをしていけば、少しずつ単位時間あたりの勉強量が増えていくはずです。

ちなみに、こうした基礎トレーニングは中学入学時から早めに着手しておくべきです。このトレーニングをしないまま問題集に漫然と取り組んだところで、時間がいくらあっても足りなくなります。

覚えるためには、とにかく「復習」する

放っておけば1日で74％忘れる

前述したように、勉強は時間よりも「量」が重要です。1日3時間で参考書を10ページこなす人と、1日5時間で5ページをこなす人を比較すれば、前者のほうが実力が上がるに決まっています。

ところが、ここでひとつの落とし穴があります。前者が1週間後に2ページ分しか記憶に残っていないのに対して、後者は5ページ中4ページを記憶していたらどうでしょう。前者と後者の立場は逆転するはずです。

つまり**受験勉強の成否を左右するのは復習です**。19世紀末に、ドイツの心理学者であるヘルマン・エビングハウスが、「**エビングハウスの忘却曲線**」という実験結果を発表しました。これによると、被験者に意味のない3つのアルファベット羅列を覚えさせたところ、20分後に42％、1時間後に56％、1日後に74％、1週間後に77％、1か月後に79％を忘れるという結果が出ました。

「エビングハウスの忘却曲線」って何？

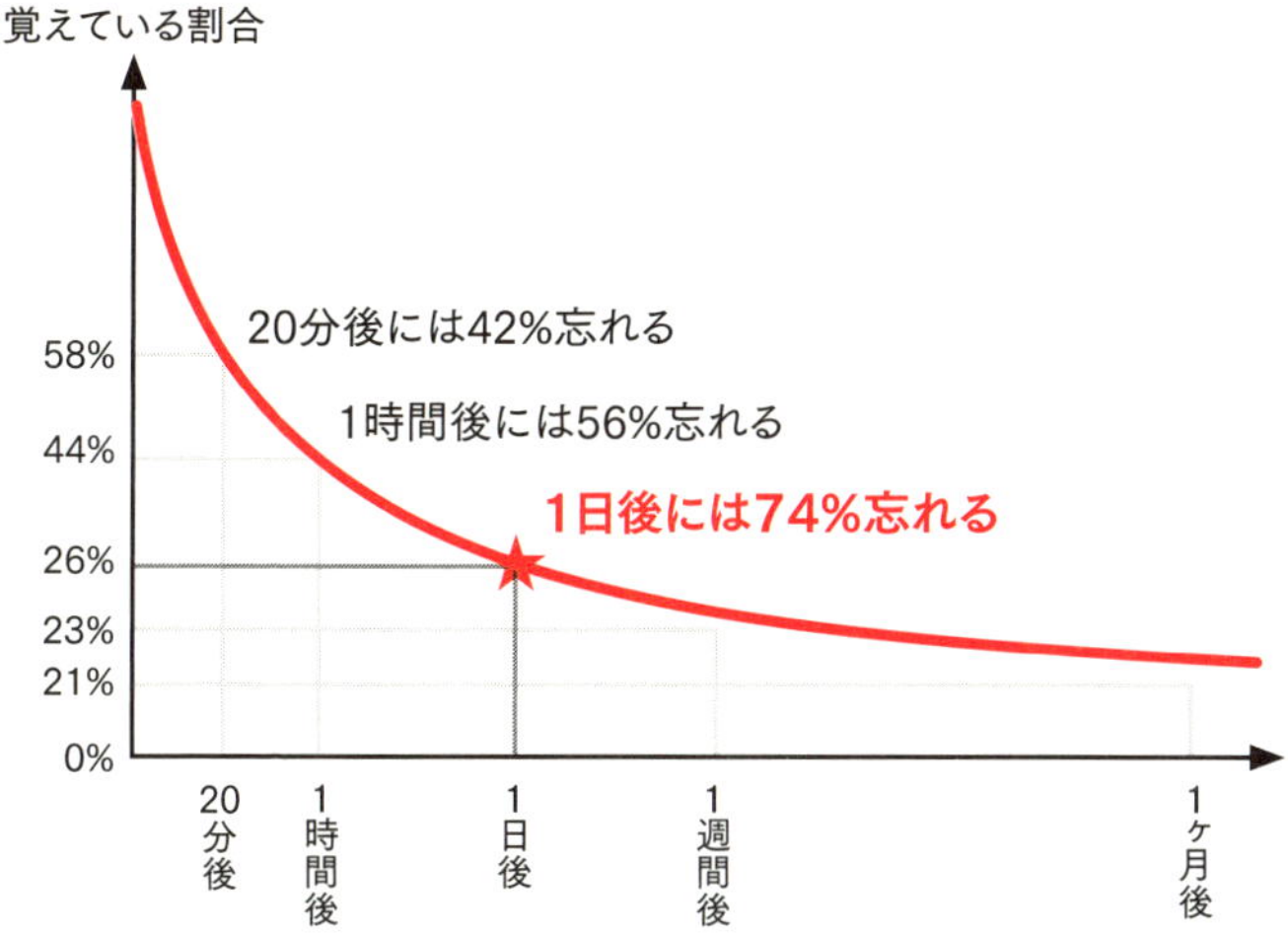

- 20分後に……42%
- 1時間後に……56%
- 1日後に………74%
- 1週間後に……77%
- 1ヵ月後に……79%

何もしないと…
忘れる！

↓

だから「復習」が大事！！

放っておけば、1日で70%以上忘れてしまいます。

「一度参考書を見て覚えたはずの知識なのに、試験になると全然出てこない」

つまり、これはよくある話であり、頭のよしあしとは無関係です。

人間の脳は、必要がないと判断した情報は、自然と忘れるようにできています。では、どうやって「必要がない」と判断されるかというと、一度入力された後、更新されるかどうかです。

たとえば、パソコンを起動するときに入力するキーワードは、毎回パソコンを使うたびに思い出す（更新される）ので、記憶に定着しています。脳が重要な情報として判断しているわけです。一方で、1回使っただけで放置していた通販サイトのパスワードは、記憶に残らないですし、思い出そうとしても思い出せません。

受験の知識も、一度覚えただけでは不十分。脳のメカニズムを考えると、1回で覚えようとすること自体が、間違っています。記憶に定着させるには、何度も繰り返して復習する必要があります。

「忘れて当たり前」と割り切ったうえで、必要な知識は何度も復習して記憶に定着させることが大切です。定期的に反復すれば、記憶は定着することもわかっています。

「理解」と「集中」が記憶のカギ

その科目を「好き」になると強い

受験に役立つ記憶力をつけるには、まずインプットの手段を効率化する必要があります。

「記憶」は、インプットに相当する「記銘」、インプットした情報を貯蔵する「保持」、アウトプットに相当する「想起」という3つのプロセスに分けられます。

受験勉強は、「記銘」した知識を受験のときまで「保持」し、実際の本番で「想起」しながら解くわけですから、記憶力が合否を左右する大きな要素といえます。

一生懸命、勉強しても覚えられないというのは、「記銘」のプロセスで何かつまずきがあるということを表しています。

認知心理学の知見によると、「記銘」のプロセスがうまくいくかどうかは、「理解」と「注意・関心」によって決まるとされています。

簡単にいえば、**「理解できること」「注意・関心を持っていること」は記憶しやすい情報**

といえます。逆にいえば、理解できないことや注意・関心が向かないことは、記憶にも残りにくいということです。

好きでもない科目の場合、授業を聞いているうちに眠くなってしまう。よくある話ですが、これは、興味関心がない情報のインプットを拒もうとする人間の脳の働きによるものだったのです。

たとえば、アイドルグループに熱中している人は、所属しているメンバーの名前や特技などを事細かに記憶しています。興味があることについては、苦労しなくても自然に覚えられるのです。

これは勉強も同じです。歴史好きの人は、歴史上の出来事や人物名などをいとも簡単に覚えますし、生物が好きな人は、生物の名前をすぐに覚えてしまうものです。「日本史オタク」「世界史オタク」といわれるような人は、日本史や世界史が大好きであり、強制されなくても自分から進んで勉強します。結果として、いい成績を残しています。

「好き」というのは、「注意・関心」を持っているということ。知識が記憶にも残りやすく、勉強の効率も良くなって当然です。ですから、まずは好きな科目を作って伸ばすという発想も重視しましょう。

嫌いな科目も好きな科目も「深追い」しすぎない

教科書で見た場所へ「家族旅行」

受験生の多くは、嫌いな科目、苦手な科目にとらわれがちです。これらの科目をなんとかしなければと考え、時間をかけてなんとか克服しようとします。

一方で好きな科目には十分な時間を注げなくなってしまうので、最終的にどの教科も中途半端な成績で終わってしまいます。これは非常にもったいないやり方です。

もともと好きな科目があるということはラッキーです。まずは好きな科目を先に伸ばすことを考えましょう。好きな科目を伸ばしたあとで、苦手科目をフォローするという順序のほうが、トータルでの得点をアップできる可能性が高まります。

これといって好きな科目がない人は、特定の科目を好きになる方法を試してみましょう。たとえば、歴史科目の場合、歴史マンガや歴史小説、ドラマなどに親しむところから始める方法があります。歴史好きになって、歴史の流れをつかんでから参考書などで詳しく勉強していったほうが理解しやすくなりますし、記憶にも定着しやすくなります。

地理に興味を持つためには、家族で旅行に行くのもよいでしょう。**日本国内を電車やバスなどで旅すれば、さまざまな地名や名産物に接して興味がわいてくることもあるでしょう**。

私の娘も中学受験時に塾で地名を暗記させられて苦労していましたが、盛岡を旅行したときに「**あれが北上川なんだよ**」と伝えたら、「**ここだったのか！**」と納得していました。やはり**楽しい体験が伴うと暗記しやすい**のです。

外国に関しても同様です。

アメリカに行ったことがない人より、一度でも行ったことがある人のほうが「ニューヨークはこんな雰囲気だ」「ワシントンは政治の中心だ」というリアルな実感から、興味を持って政治や経済についても自分で調べるようになるものです。

もちろん物理的に世界中を旅するのは不可能ですが、今はインターネットでバーチャルな海外旅行を楽しみながら、楽しく地理を学ぶこともできます。さまざまな方法を試してみて損はないと思います。

とはいえ、好きな科目ができたとしても、それを伸ばすときにも気をつけたいポイントがあります。そのひとつは、好きな科目に「頼りすぎない」ということです。いくら好きな科目をきわめて100点に近い点数が取れるようになっても、苦手科目がおろそかになりすぎると、センター試験の足切りもあるので合格点をクリアするのが難しくなります。「日本史だけ」「数学だけ」で東大受験に受かることはまずないと考えるべきです。あくまでも受験科目の総合得点で合格最低点をクリアするという受験の原則を忘れないようにしてください。

もうひとつ注意してほしいのは、好きな科目を「きわめすぎない」ということです。好きな科目を深掘りしていくと、受験に必要のないマニアックな知識までインプットすることになります。このレベルになると受験に合格、という目的から外れてしまうのです。

たとえば「日本史マニア」になること自体を否定はしませんが、受験に合格するという目的を忘れてしまっては本末転倒です。

好きな科目を必要以上にきわめたいのだったら、その時間は「趣味」「気分転換」の時間として扱いましょう。日本史の場合、歴史小説や、歴史の研究書を読むような時間が、それに相当します。ゲームをやるのと同じような感覚で、受験勉強とは別に時間を区切って取り組むのです。ただし、ここでもほかの科目をやる時間を残しておくという原則は忘れないでください。

「単純暗記」は、時間を区切って覚えよう

「1日10個覚える」は不可能？

英単語や英語の構文、歴史の用語など、単純な「暗記モノ」の知識を覚えようとするとき、「1日○個覚えよう」などと目標を決めて取り組むことがあります。

1日10個覚えれば、単純計算で1週間で70個、1か月で300個覚えるという計画が立てられます。

しかし、この「個数ありき」の暗記法は有効な手段とはいえません。前述したように、一度覚えただけでは記憶に定着しませんから、単純に1日10個ずつ知識が積み重なっていくわけではありません。

最初に覚えた情報は、復習しない限り、時間とともにどんどん忘れていきます。

そう考えると、1か月後に300個覚えられる計画は絵に描いた餅にすぎないことがわかるでしょう。

また、「1日10個覚える」といっても、覚える知識には難易度の違いもあります。覚え

やすい知識もあれば、覚えにくい知識もあるということです。10個覚えようとするときにかかる時間もバラバラです。

覚えにくい知識を覚えようとすると際限なく時間を費やしてしまうことにもなりかねません。これは勉強のやり方として非効率といえます。つまり、1日に覚えるべき知識を個数でノルマ化する手法は、意外に覚えられない手法だといえるのです。

完璧に覚えるまでがんばろうとすると、時間がいくらあっても足りなくなります。暗記に時間の大半を注ぐことにもなりかねません。

それならば、**個数優先で取り組むのではなく、まずは20分、30分といった時間で区切って、その範囲で覚えられるだけ覚える、といったスタンスで取り組んだほうが効果的**です。つまり、時間優先で、広く浅く覚えるやり方です。

たとえば、「**通学電車に乗っている時間**」「**授業の休み時間**」「**夕食をとるまでの時間**」などに限定して行うのもよいでしょう。1日の生活の中で、こういった暗記用に使えるスキマ時間を用意しておくのです。

もちろん、一度覚えただけで終わらせずに、何度も繰り返し復習します。これによって効率よく記憶できるようになるのです。

理解できない部分は「絞りこみ」で解消していこう

問題集に「ここがわからない」と書きこむ

問題集を解いて、7割くらいできていたら、「目標ラインを突破した。これなら合格できる」などと喜んで、別の勉強に進んでしまう人がいます。あるいは、解ける問題の多い問題集をやって満足してしまう人もいます。

これは、自分が解ける問題で正解していることを確認しているだけ。別の勉強に移ってしまうのは効率の悪いやり方といえます。

塗り絵をイメージしてください。一度塗った部分を塗り重ねても意味がありません。まだ塗っていない部分を塗りつぶしていくことで、絵は完成に近づきます。

受験勉強も、「まだ知らなかったこと」「理解できなかったこと」「解けなかった問題」を見つけて解消していくことで、実力がアップします。

ですから、できている問題を再確認するのでも、できなかった問題を見て落ちこむのでもなく、できない問題を見つけてできるようにしていくことが肝心です。

参考書を読むとき、問題集を解くときには、この視点を意識してみましょう。「知っていること・知らないこと」「理解できること・できないこと」を区別しながら進めていきます。これは、口でいうのは非常に簡単ですが、実際にやってみるとかなり難しい作業であることがわかります。

問題が解けないとき、「解けなかった」で終わりにしたほうがラクです。でも、ここでひとがんばりが必要です。解答や解説を読みながら、「どこが理解できていないのか」を確認していきます。じっくり検証していくと、理解できる部分とできない部分を区別できるはずです。

そこで**「ここはわかる」「この意味がわからない」などと参考書や問題集に書きこんでおきます**。理解できていない部分が明らかになれば、かなり前進している証拠です。

他のもっとわかりやすい参考書などを見て、自分で理解できなかったところを勉強するのもよいですし、どうしても理解できないときは学校の先生や予備校の講師に質問すれば丁寧に教えてもらえます。

こうやって塗り残しを丁寧につぶしていくことで、得点力をアップしていくことを忘れないようにしてください。

口に出して、体に覚えさせる英語・古文・漢文

歩きながらブツブツ口に出す暗記法

「一昨日食べた夕食のメニューは？」と聞かれると答えに詰まるのに、1年前に家族旅行で食べたバーベキューはよく覚えている、といったことがあります。

家族で食べたバーベキューは特別な体験ですから、強い印象として記憶に残っています。当然といえば当然です。

お肉が焼けている様子を「目」で見て、風の音や鳥のさえずりなどを「耳」で聴き、バーベキューの煙の匂いを「鼻」で嗅ぎ、さわやかな好天を「肌」で感じ、食べ物を「舌」で味わう。このように、五感の刺激を通して、私たちは特定の体験を強い印象として記憶に残しているわけです。

逆にいえば、**五感を活用することで、人間がものを記憶するときの能力は高まります**。

小学生のとき、かけ算の九九を声に出したり、漢字を紙に書き出したりして覚えたのは、五感を活用するための手段だったのです。

これを東大受験にも、もう一度活用してみましょう。

単純に目の記憶にプラスして、耳の記憶をプラスすれば、頭に残りやすくなります。受験生の多くは、暗記をするとき、机にじっと座って読むだけになりがちですが、まずは「音読」をするだけでも学習効率は上がります。

特に、英語や古文、漢文などの勉強では、意外なくらい音読が効果を発揮します。漢文の句法なども自分で抑揚をつけながら声に出すと、覚えやすくなることに気づきます。紙にひたすら書き出すのも、ありきたりですが効果が高い暗記法です。漢字や歴史の用語などは、この方法を繰り返して覚えるのが一番の近道です。

なお、声に出す、手を動かして書くこと以外にも、五感を活用する方法はあります。

私が受験生だったころは、何かを覚えようとするときに、部屋の中を歩きながら声を出してブツブツいうことがありました。

自分では意識してやっていたわけではないですが、そのほうが記憶に残りやすいのを経験的に理解していたのだと思います。

机の前で、じっと座って参考書を読んでいるより、歩き回ったほうが、脳もリフレッシュされ、五感が活性化されるはずです。

知識を身につけたら、どんどん「実戦」で試してみる

どのタイミングで問題にとりくむか

学校の定期テストではいい点数を取ることができるのに、模擬試験になると成績が振るわないタイプの人がいます。

この原因は、定期テストと模試の性格の違いにあります。

学校の定期テストは、あくまでも授業を受けた内容をきちんと覚えているかどうかを試すところにねらいがあります。そのため、授業を真面目に受け、学んだ知識をきちんと復習していれば、ある程度の点数は取れるようにできています。

一方で、模試は、学んだ知識を使って問題を解くことができるかを試すための試験です。ただ暗記すればいいわけではなく、暗記した知識を使えるかどうかがカギとなります。これは入試問題も同じです。

たとえば、数学の公式や解法をどれだけ暗記していても、その知識を使って問題を解けなければ意味がありません。英単語をたくさん覚えても、それを使って長文を読んだり、

英文を書いたりできなければ、受験の点数にはつながらないのです。

学んだ知識を使えるようにするには、どうすればよいのか。

もっとも有効な方法は、ある程度知識を身につけた段階で、実戦形式の問題をこなしていくことです。

なぜか、**実戦形式の問題にチャレンジせず、ひたすら知識のストックに励んでいる生徒がいます**。日本史や世界史の教科書や参考書の太字を覚え、一問一答の問題集でチェックし、正答率が上がったら満足してしまうタイプの人です。

たしかに、参考書を読んで覚える作業は重要です。しかし、それだけで模試や入試問題に対応できるわけではありません。入試問題を集めたような問題集を使い、覚えた知識を使って問題を解く訓練をしておく必要があるのです。

ゴルフのテキストを読んでスイングのコツを学んだだけでは上達しない。これは誰でも納得するはずです。実際に、クラブを持ってコースに出るなどして、実戦を重ねるからこそ身につくのです。風が強いときの打ち方など、実際に経験してみないとわからないことも多いものです。

受験勉強も同じです。知識を使って問題を解くトレーニングを繰り返すことで、はじめて実力が備わってきます。実戦形式の問題を解くことは、知識を使えるようにする重要なプロセスなのです。

では、**具体的にどのようなタイミングで実戦形式の問題にチャレンジすればよいのか**。知識が圧倒的に不足している状態で実戦問題に取り組んでも、問題が解けないだけでなく、解答や解説も理解できないので、どこが理解できなかったのかもわからずじまい。これでは時間をムダにするだけです。

問題に移るタイミングは、科目によっても違ってきます。

数学については、どんなに遅くても高3の春までには一通りの知識（解答パターン）を身につけ、あとは問題を解く段階に移行したいところです。

英語については、高1レベルの単語と文法を身につけたら、あとは長文の問題集をやって、そこで文法のブラッシュアップをして、語彙力を増やしていくほうが受験向きです。

歴史や地理、理科は高3の秋までに7割方の知識を身につけ、あとは問題を解きながら並行して覚えていく方法が有効です。7割程度の知識が備わっていれば、問題を解きながら覚えていく勉強ができるようになるはずです。

古文や漢文は英語などと比較すると覚える知識が少ないので、それほど覚える作業に時間をかける必要はありません。5～6割学んだと思ったら、すぐに問題を解き始め、解きながら覚えるスタイルに移行しましょう。

物理や化学のような科目は、覚えることにとらわれるより、早めに問題集に取り掛かったほうがいいでしょう。

生物も東大受験を意識するなら、教科書レベルのことを覚えたら、問題集に取り掛かったほうが賢明です。

「早寝早起き」はやはり正しい！生活リズムを徹底する

前日の復習をする「朝の勉強」は最強

中学生になると、東大受験を意識した勉強が始まるだけでなく、中間・期末テストなど定期テストのための勉強もするようになります。

こうなると定期テストの直前に徹夜をしたり、食事を抜いたりして勉強に取り組むケースも見られますが、こうした生活リズムの乱れは、勉強の効率を落とす元凶です。

脳科学の知見でも、徹夜で勉強をすると、勉強した内容が記憶として定着しないため、かえって成果に表れないことがわかっています。それだけでなく、翌朝以降に疲労が残るため、勉強の効率が極端に落ちることも報告されています。勉強を効率的にこなしていくためには、日々の生活リズムを一定に保つことが何より肝心です。

といっても、現実には、生活リズムを一定に保つのはけっして簡単ではありません。ついついテスト勉強に夢中になって、気づいたら深夜になっていたということもあるでしょうし、その反動で朝の目覚めが悪くなり、ペースが上がらないといったことも起きます。そうやって知らず知らずのうちに生活リズムが崩れていくわけです。

これを防ぐうえで効果的なのは、三度の食事を決まった時間にきちんと食べる習慣をつけることです。朝食を抜く中高生も多いのですが、朝食を抜くと、前日の夕食からの時間が空きすぎてしまい、低血糖状態となり、集中力も低下します。

文部科学省「平成24年度全国学力・学習状況調査」によると、**朝食をきちんと食べている学生のほうがテストの正答率が高い**というデータが出ています。これについて、「朝食をきちんと食べさせている家庭では、食べさせていない家庭よりも、教育にも投資していると考えられるから、成績が上がるのではないか」とする意見もあります。しかし、朝食を食べているほうが成績がよいのは事実なのですから、朝食はとっておくにこしたことはないでしょう。

三度の食事を決まった時間にとれば、生活のリズムも修正されます。食事をきちんととり、早寝早起きを励行することが、勉強を効率的に進めるための基本なのです。

さらに**習慣化したいのは、朝の勉強です**。前日の復習で、記憶は定着しますし、**朝に計算問題をやると脳が活性化される**と言われています。多少、早寝をしても朝の勉強で十分に追いつけると思えれば、ベッドに早く入る習慣も身に付きやすいでしょう。

「ミスらないための努力」とは何か？

3つの「ミスしない」具体的方法

「失敗学」を提唱した東大名誉教授の畑村洋太郎《はたむらようたろう》氏は、

「〝失敗は成功のもと〟ではない。失敗から学ぶ姿勢があれば成功につながるが、失敗を経験しただけで放置していたら同じ失敗を繰り返すだけ」

といった内容の発言をしています。

まさにその通りなのですが、現実には、受験勉強をするときに失敗を放置している人がたくさんいます。復習やミス対策を怠ったまま試験本番に臨んでいるのです。

多くの受験生は、直前期の追いこみでどうにか合格ラインまで実力を伸ばします。**受かるか落ちるか五分五分のラインにいる人にとって、ケアレスミスでの失点は命取りとなります**。

特に、テストや模試でミスが多い人は、試験本番でも同じようなミスを犯す可能性が大です。それを踏まえて、ミスをしないための努力にも力を注ぐべきです。

私は、ミスをしない力、ミスを防ぐ力を、「**ミスらん力**」と名付け、具体的な対策を『ケアレスミスをなくす50の方法』（ブックマン社）などに書いています。その中でも詳しく解説していますが、「どんなところで、どんなミスをしやすいか」は人によって傾向が異なります。それぞれに固有なミスのパターンがあるわけです。

ですから、ミスを精神論で克服するのではなく、自分のミスのパターンをいち早く見つけ、それを克服していくことがミス対策の基本です。そこで有効な方法を3つご紹介したいと思います。

①ミスによる失点を確認する

学校のテストや模試の答え合わせをしたとき、ケアレスミスで間違った箇所をチェックしておきましょう。

つまらないミスでどれだけ点数を落としているのかを自覚し、次の機会にはミスをしないように意識するためです。

②ミスした問題を解き直す

ミスした問題を見つけて、「次はミスしないように」と意識するだけでは、ミスを根絶するのは不可能です。どんなに小さなミスであっても、間違えた問題は、もう一度自分の手で解き直しましょう。それによって、自分に特有のミスのパターンを体感するのです。

問題を解き直しながら「どうしてこのミスをしたのか」「どうすれば防げたのか」を、さまざまな角度から考えます。この過程を通じて、ミスを繰り返さないための解決策を見つけ出すのです。特に**模試でやったミスについては、必ず、このような解き直しをする習慣をつけたい**ものです。

③「ミスらんノート」を作る

ミスを繰り返さないための解決策を考えたら、それをノートに書き出します。ノートを見れば、自分のミスのパターンとミスを防ぐ方法が一目瞭然です。これを頭に入れておくだけで、ミスを防ごうとする意識が高まります。

これを私は「ミスらないためのノート」、略して「ミスらんノート」と呼んでいます。**ミスらんノートを手元に置き、勉強の合間に目を通します。**ノートの内容を頭に焼きつけ、勉強をしながら身体に定着させていきます。これによって、ミスは劇的に減っていくはずです。

いざ試験本番を迎えても、ミスをしそうな局面でミスを防ぐ意識が発動し、事前にミスを回避できるようにもなります。「ミスらんノート」は、試験会場にも持ちこみ、試験前に読み直します。再確認してから試験に臨めば万全です。

ついでにいうと、**ほかの人がしたミスは自分もしやすいものです。**

前述の『ケアレスミスをなくす50の方法』では、私の通信教育のスタッフが受験生のやりやすいミスのパターンを50個見つけ出し、それぞれの対策を書き出したものを私がまとめました。早めに事前対策をするには、とてもいい本だと自負しています。

「勉強に適した環境」について、断言します！

「リビングだけ」にこだわらない

勉強部屋を作れば、落ち着いた環境で勉強に集中できるという考えは甘すぎるといってもいいでしょう。

特に、今は一昔前と比較して、スマホやパソコン、ゲームなどの誘惑がたくさんあります。部屋にひとりきりになったら、誰だって勉強よりもＳＮＳやＹｏｕＴｕｂｅなどを選ぶに決まっているという自覚は必要です。

そこで、勉強をしやすい環境を作るよりも、「勉強をしなくなる環境を作らないこと」のほうが重要です。

私は、子ども部屋にネット環境を整えたり、スマホやパソコンを部屋で使い放題にさせたりすることには反対です。ネットにつながるパソコンはリビングに置き、親子で一緒に検索する。また、スマホの充電もリビングで行うようにして、親がいるときリビングで使うのを原則にすべきです。

そして、わざわざ勉強部屋を作らずに、リビングで勉強すればよいのです。リビングに大きめのテーブルを置いて、お父さんが読書をするのと一緒に子どもが勉強するのもよいでしょう。あるいは、お母さんが料理を作っている間、ダイニングテーブルで勉強する方法もあります。

もっとも、教育雑誌などで読んだ「リビングで勉強したら東大に合格した」の類いの記事に影響されて、リビングありきになるのは問題です。大切なのは、自分が一番勉強しやすい環境を探すことです。ひとりきりのほうが勉強に集中できる人もいれば、図書館など、ある程度雑音がある環境のほうがやりやすい人もいます。いろいろな環境での勉強を試した結果、リビングがベストというのであればリビングで勉強すればいいのです。

また、**リビングで勉強していてマンネリ化を感じてきたら、勉強する場所を変えてみるのもよいでしょう**。ダイニングテーブルで勉強していた人が、ソファーとローテーブルを使って勉強してみると、意外に気分が変わってはかどる可能性があります。

長時間イスに座っていて眠くなってきたら、あえて立ったまま参考書を読んだり、部屋の中を歩きながら音読したりする方法も試してみましょう。

歩きながら英単語を覚えると頭に入るという人もいるはずです。

私自身、もともと落ち着きがなかったこともあり、長時間イスに座り続けるのがつらく、しばらくするとイスから立ち上がり、部屋の中を歩きまわりながら声に出して勉強することがよくありました。

座り続けていると血行が悪くなり、脳に酸素が行き渡らなくなることがあります。立ったり歩いたりすることで、血行が促されるので、脳を活性化するうえでは理にかなった方法といえます。実際に、脳科学の研究では、記憶や思考を司る脳の前頭前野が、体を動かすことで活性化されたという報告も出されています。

あるいは、古典的な方法ですが、トイレやお風呂で勉強すると効率が上がるという人も結構います。こういった場所では、短時間でできる暗記モノの勉強が向いています。ちょっとしたスキマ時間の活用が積み重なれば、大きな蓄積となるので、けっしてあなどれません。

なお、勉強部屋を作るのであれば、**部屋は勉強と寝るためのものであることを徹底しましょう**。パソコンやテレビ、ゲームなどはすべてリビングに置き、それらを使いたいときはリビングに出てくるというルールを作るのです。勉強部屋に入って、いったんゲームなどでリラックスしてから勉強するというスタイルでは、勉強が後まわしになるだけです。

「どうしても調子が出ないとき」の対処法

スランプには「ただやる」だけの勉強もあり

勉強をしていて、どうにも調子が出ない、やる気にならない、一向に成績が上がらないといった時期を迎えることがあります。

俗にいう「スランプ」状態です。

こうしたスランプに陥ったと感じたときには、無理をしないのが基本です。スランプになっているのに、無理に勉強しようとしても、結果は出なくて当然です。結果が出ないと、ますます気分が落ち込んで、スランプを長期化させてしまうだけです。

スランプを迎えたら、無理をするのはやめ、自分にできそうなことを黙々とこなしていくことに徹します。

具体的には、「復習」を続けるのが一番です。

復習は、すでに一度学んだ内容を繰り返す勉強ですから、新しいことを覚えたり理解したりする勉強よりも負荷が少ないといえます。復習なら難しくてまるで手につかないという心配も無用です。

復習はそれほど面白い勉強ではないでしょうが、スランプ期には「ただやる」ことを続けているほうが精神的にも安定します。

「このままでは東大に合格できないかもしれない」などと、将来を悲観的に考えないようにして、目の前の復習を淡々と繰り返します。

実は、うつ病や神経症の治療で有名な「森田療法」では、不安を増長させないために、患者に簡単な課題を与えることがあります。目の前の課題に集中することで、不安に目を向けるのを回避するわけです。

スランプはうつ病のような病気ではありませんが、悲観的になると注意力が低下するという点では共通しています。つまり、悲観的な物の見方を変えることで、スランプからも抜け出せるようになります。また、スランプを長く放置しておくと、本当にうつになるということですから、悲観から脱することは大切です。

淡々と復習に取り組む過程で「なんだ、思ったより知識が身についていたな」などと気づくだけで一歩前進です。

「ここでつまずいていたから停滞していたんだ」

このように、問題点を自分で把握できるようになったときには、スランプからほぼ脱しているはずです。

ものの見方を変えるという点では、復習をやってものれない、できるようになったという気がしないなら、得意科目をやるという手もあります。

人間の悲観をもっとも和らげるのは、「できる」体験とされています（試験の本番で、できる問題を1問クリアすれば落ち着くというのも同じ原理です）。得意科目をやって、できる体験を数問するだけで、かなり気分や物の見方が変わります。

それでもうまくいかない場合は、疲労の蓄積が考えられます。

そんなときは、思い切って休むことです。

受験生のような若い時期の休養とは睡眠や体を休めることとは限りません。

自分が面白いと思うこと、楽しめることを思い切りやって、精神的な休養を取るということもぜひ試してみてください。

それでもスランプが2週間以上続くなら、やはり精神科医やカウンセラーのようなプロに診てもらうことをおすすめします。

4章

「東大入試の真実」を知っているか？

公立高からでも「東大合格」は可能？

年収500万家庭から東大2人行けた理由

公立中学に進学する場合は、勉強熱心な校風の学校を選ぶのが原則です。勉強に後ろ向きな校風の学校の場合、どうしても東大受験のモチベーションを維持しにくくなります。ひどい場合は、優等生がバカにされたり、仲間外れにされるからです。

高校受験の進学実績のいい学校や越境入学者（今は、原則OKとなっています）が多い勉強熱心な学校であれば、東大受験を目指してもバカにされる心配もないでしょう。

公立中高は、一般的に中高一貫校よりも宿題が少なく、時間的な余裕があります。自分でカリキュラムを組んで勉強できるタイプの人には好都合です。

学費が安いというのも公立中高のメリットのひとつです。公立中高に進学することで、塾や予備校にかけるお金を捻出しやすくなります。

東京の名門私立中高一貫校の生徒も、多くは塾や予備校の授業を受けながら東大合格を目指しているのが実情です。私立中高一貫校の学費と、塾や予備校の授業料が重なると、家計の負担も大きなものとなります。

実際に、公立校を選んで進学し、東大合格を果たした例もあります。私は以前、付き合いがある出版社の編集者から、**2人の子を東大に進学させたフリーライターがいるという話を聞きました。そのご家庭の年収は500万円前後。**2人の子を私立の中高一貫校に進学させつつ塾にも通わせるのは難しいと判断し、公立校に進学させる決断をしたのだといいます。その代わり塾だけは、麻布や開成など、有名私立高の生徒が多数通うようなレベルの高いところに入会させて、高レベルな勉強に取り組んだそうです。

私立の中高一貫校に進学すると、首都圏であれば、授業料は年間100万円近くかかります。一方で、進学塾なら、授業料が高くても、月に4~5万円ほどの出費で済みます。結果的に、半分以下の費用で大学受験用の勉強を続け、東大受験に成功したというわけです。なかなか賢い戦術だと思います。

今は地方にいても、動画などで東京の予備校の高レベルな授業を受けることも可能です。中高6年の一貫校でなく、一般の公立校への進学を考えている場合は、こうした戦略を参考にしながら、学校選び、塾選びを進めていただきたいと思います。

偏差値が高いからといって、合格できるとは限らない

一番大切なのは「合格最低点」に達すること

受験の世界で点数とともに言及される数値が「偏差値」です。東大を含めた各大学の偏差値が一覧になり、予備校などで合格難易度を示す基準になっています。

しかし、偏差値が高いかどうかは、合否と直接関係するわけではありません。偏差値が高ければ必ず東大に合格できるとは限らないからです。

何度も繰り返しますが、東大合格に求められるのは、合格最低点をクリアすること。

基本的には前述の東大の合格者の最低点から、センター試験の目標点（理Ⅲは90％、文Ⅰは85％、その他は80％）を引くと、二次試験の440点満点中、理Ⅰは231点、理Ⅲは293点、文Ⅰは262点を取ればいいことがわかっています。目標点としては理一で240点、文Ⅰで270点、理Ⅲで300点というところでしょう。4教科（二次試験）での点数の配分も問われません。つまり、0点の科目があってもいいのです。

ですから、その点数を中1から高3の6年間をかけてクリアできるようにスケジュール

を組めばいいわけです。

東大を目指すにあたっては、偏差値を意識しすぎるのをやめたほうが得策です。

偏差値というのは、あくまでも模擬試験を受けた集団の中での位置づけを表したもの。模試受験者のレベルが高ければ、自分の偏差値は下がります。同じ実力でも、受験者のレベルが低ければ、偏差値は上がります。つまり、偏差値75だから、東大に合格できるとは言い切れないのです。

そもそも偏差値は点数と比較して目標にしにくい数値です。「偏差値80を取ろう」と考えると、ものすごくハードルが高そうにも思えますし、何をどうすればいいのかも漠然としています。

これに対して「二次試験で240点以上を取る」と考えれば、現実味も出てきますし、戦略も立てやすいはずです。たとえば、高校3年生の夏くらいの時期に、「240点取るには、あと○点足りないから、数学で□点稼いで、理科を△点伸ばして合格ラインを突破しよう」などと考えるのが正しい戦略の立て方です。

偏差値を意識している限り、東大合格は難しいと考えたほうがよいでしょう。とにかく、志望科類の合格者最低点をクリアすることに焦点を当てて勉強に取り組みましょう。

「東大に合格できるかどうかは才能」は完全にウソ！

すべては「本人しだい」という真実

私が「**暗記数学**」（52ページ）などの勉強法を提唱し、「東大受験に対応する力がつく」などというと、「それはもともと頭のいい人の話だ」と反論を受けることがよくあります。

要するに、私の勉強法は、頭のいい人には通用するかもしれないけれど、中堅校に通う普通の生徒には真似できない、という主張です。

そういった主張の根底には**「人が勉強できるかどうかは、先天的な才能や素質によるところが大きい」という考え方があります**。

しかし、私の経験からいうと、生まれつきの才能や素質と、受験勉強で「やり方」を身につけて実力を伸ばすこととは、別物です。

仮に東大に合格する学力が才能によるものだったとしたら、確率論的にいって、東大合格者が全国からまんべんなく出てしかるべきです。

たとえば、山形県の人口は約１０９万人、秋田県の人口は約88万人と、ほとんど同じくらいですが、かつて山形県の東大合格者数は、秋田県の2～3倍も多い時期がありました。

これは才能がある人が山形に偏っていたということなのでしょうか。

現在では、両県の東大合格者数は拮抗しています。2018年でいうと、高校3年生1000人あたり秋田県11・8人、山形県9・4人という結果が出ています。

秋田県は、文部科学省が実施する「全国学力・学習状況調査」で全国トップクラスの成績を誇っているにもかかわらず、東大合格者数が伸び悩んでいる状況が県議会でも問題とされ、10年ほど前から予備校の講師に応援に来てもらうなど、大学受験対策に着手しました。その結果、東大合格者数を増やす結果に結びついたのです。

こういった事例を見ても、東大に合格できるかどうかは生まれつきの才能で決まっているわけではなく、学校や家庭などの環境にも大きく左右されることがわかります。

そして、**一番の差は、本人がどれだけ意欲を持って勉強をするかどうか、**です。

中高一貫校である灘では、私のように中学から6年間を過ごす「中学組」のほかに、高校から新たに入学してくる「高校組」がいました。

「高校組」の中には、中学受験時に灘にチャレンジしたものの失敗した人が結構いました。彼らは、公立中学に通いながら、必死で勉強し、高校受験でリベンジを果たして灘にやってきていました。

高校2年生になると彼らと合流するのですが（「中学組」はかなりの先取り学習をしているので、「高校組」は1年間、別のカリキュラムで勉強するのです）、「高校組」の人たちが成績上位者に名を連ねているのを見て驚きました。

中学受験時には中学組よりも学力で劣っていたはずの彼らが、たった3年のうちに学力を強化して立場を逆転したのです。

中学組が「これはうかうかしていられない」と気を引き締め、必死になって勉強を始めたのは言うまでもありません。

灘では、このように中学組と高校組がお互いに競いながらライバル心をむき出しにしてともに勉強に励む雰囲気がありました。

ちなみに、高校進学時、私の学年では「中学組」が約170人、「高校組」が約60人いました。最終的に現役で東大に合格した人を比較すると、「中学組」が約60人（約35％）、

「高校組」が約35人（約60％）。高校組に軍配が上がったということです。

この「高校組」の逆転劇を目の当たりにして、私はひとつの教訓を得ました。

「頭がいい」「勉強ができる」などといっても生まれつきの才能で決まるわけではなく、勉強をするかしないかの違いが一番大きいということでしかありません。

また、**いくら勉強しても成果が上がらないというのは、才能や素質が欠けているからではなく、「勉強のやり方」を間違えているだけです。**

「正しいやり方」で勉強を続けていけば、確実に実力は上がりますし、その延長線上に東大合格を見据えることも可能なのです。

お金がなくても、地方からでも東大合格は可能

インターネットがもたらした「情報」の全国化

基本的に、最近の参考書や問題集には、非常に質の良いものが増えています。

仮に予備校に通わなくても、予備校の先生の講義が実際の話し口調で読める参考書もあります。それどころか、予備校のライブの講義では話が脱線することもあるのに対して、参考書は情報に漏れがないようにきちんと編集されています。

また、参考書にはたいてい問題集がついており、それをきちんと解いていけば、漫然と予備校に通うよりも実力がつく可能性があります。

現に、**私が主宰する通信教育の宿題をこなしているだけで、東大の理Ⅲにトップで現役合格した、ハイレベルな塾や予備校のない地方の公立高校の生徒もいます。**

東京にあるハイレベルな塾に通わなくても、市販の問題集や参考書だけでも最難関の理科Ⅲ類にトップ合格できることが証明されているわけです。

大切なのは、お金をかけることではなく、受験生本人にもっとも適した手段を選択する

ということです。

適切な参考書や通信教育を受ければ、都内の予備校に通った場合の、おそらく3分の1程度の投資でハイレベルな受験勉強ができます。

同様に、地方だからといって一概に不利とはいえなくなっています。

地方でも中心部には、全国的な予備校が進出しています。そこに通うのもひとつの方法でしょうし、地方でこそ参考書や通信教育を積極的に活用する余地があるはずです。

今や情報に接するハードルは、一昔前と比較して格段に低いものとなっています。

たとえば、20年近く前であれば、大きな書店がないというだけで地方の生徒は参考書探しに苦労していましたが、今やアマゾンで簡単に検索できる時代です。私も参考書をすすめる本を何冊か書いていますが、それも含めて、ほしい参考書があれば、すぐに注文して入手できる環境が整っています。

また、インターネットでは古書のマーケットも発達しており、新刊だけでなく、古書の中から良い参考書を安く探すこともできるようになっています。

お金がかけられないから、地方在住だからと悲観材料を探すのではなく、さまざまなツールを積極的に活用して、東大受験にチャレンジしていただきたいものです。

暗記に強ければ、東大に合格できる？

理解が定着するのは「わかる」から

暗記力に優れていれば、東大に合格できる。東大に合格したいなら、暗記力を高める必要がある。

そう考えている人が多いのですが、誤解も多く混じっているように思います。

私も「暗記数学」という手法を紹介しているので、「数学は暗記ができれば解けるんですよね？」と聞かれることがよくあります。

しかし、冷静に考えてください。前にも述べたように、数学の解答には10行ぐらいの数式が並びます。それをすべて丸暗記するのは実質的に不可能です。

私が提唱しているのは、数学の解法を理解したうえで暗記するやり方です。解法パターンを理解したうえで暗記するからこそ、問題を解く力がついてくるという理屈です。

逆にいえば、解法を理解しないままひたすら暗記しても、それは使いようのない知識でしかありません。

私は、どうしても問題が解けないときには模範解答を見てもいいと言いますが、これは解法を効率的に理解するためです。解法を理解しないまま模範解答を見たところで、わからないのは当然です。

わからないときは、問題集や参考書のレベルを下げ、模範解答を見たらわかるところまで戻ることが大切です。

つまり、東大受験で重要になるのは、どちらかといえば暗記力よりも、理解力ではないかと思います。

これは、数学以外の科目にも通じる真理です。

東大入試には、受験生に考えさせる問題がしばしば出題されます。たとえば、世界史の場合、「ここにある8つの言葉を用いて、この時代の○○の特徴を述べよ」といった問題が出題されます。単純な年号や人名の暗記では対応できないのは明らかです。

この場合は、歴史の流れをきちんとつかみ、それを文章で「**論述できる力**」を身につけておく必要があります。

やはり、ここでも「**理解する力**」が求められているのです。

東大受験を成功させる塾選び

「何のための塾か」を忘れない

東大受験を考えるときの「塾」は、おおむね以下の3種類に分かれます。

①「基礎学力」を身につけるための塾

基礎学力がないけれど、どうしても東大受験にチャレンジしたいという人、特定の科目についてレベルを底上げしたいという人が通うための塾です。

たしかに予備校の有名講師の講義を受けたことで、わからなかった科目が一気にわかるようになったという事例もあります。塾で学力を高めるという方法をあえて否定するつもりはありません。

ただし、こういった塾を選ぶときには、自分のレベルに合った**「わかるようになる指導」をしてくれるところを探す**必要があります。

先生の講義を聞いてもわからないときには、もっとレベルの低い塾を探すべきですし、個別指導や家庭教師のほうが合っているケースも考えられます。

そして、すでに何度も指摘しているように、塾に代わってこの目的を満たしてくれる問題集や参考書もたくさん刊行されています。

あえて塾に通わなくても、参考書や問題集で基礎学力をつけることは十分可能です。

予備校や塾の夏期講習を受講して結果が出なかった場合、少なくとも数か月単位で時間とお金を無駄にしてしまうことがあります。けれども、参考書であれば書店で立ち読みするだけでもある程度よしあしを見きわめることができます。

基礎学力を身につけるための塾は、こと大学受験に関しては、参考書や問題集でも代替可能だと知っておいて損はありません。

ただ、高校生で中学レベルや小学校レベルに穴のある場合は、そこまで戻ることと、家庭教師や個別指導に頼る必要があるかもしれません。

いくらわかりやすい参考書や問題集でも、高校生向けは中学レベルがクリアされていることが前提になっているからです。

②東大向けハイレベル塾、東大対策塾

東大に特化したコースを設置している塾を指します。予備校の「東大コース」などでは、出題傾向の分析も進んでいるので、受験対策として検討の余地はあります。特に、**世界史や日本史の論述対策などを行ってくれる塾は、受講する価値が高い**といえます。

ただし、すべての科目でこれらの塾や予備校に通っていると、肝心の自分で勉強する時間がなくなってしまいます。

夏期講習など、期間を絞って受講するだけでもよいのではないでしょうか。

③単科のハイレベル塾

東大受験に関しては「英語は○○塾」「数学は○○塾」など、定評のある塾というものが存在します。

勝負科目にしたい科目があり、その塾で対策が十分にできるのであれば、受講を検討し

てもよいと思います。ただし、こういった塾は首都圏以外にはほとんど存在しないようですし（地域によっては、特定の科目のすごい先生はいるようですが）、入塾試験などのハードルもあります。

現実的には、自学自習で同じ問題に取り組むほうが時間的なロスは少ないといえます。ハイレベルな参考書や問題集を見てもまったくわからなかった場合、単科の塾に通ったところで劇的に理解できるものでもありません。

費用面から考えると、自学自習＋家庭教師のほうが効率的ともいえるので、慎重に選択する必要があります。

手前味噌になりますが、私の主宰する緑鐵受験指導ゼミナールでは、ひとりひとりの元の学力（学年より上の学力を持ち、そこから受験勉強をスタートできる優秀な生徒から、中学レベル、小学校レベルに穴のある低学力の子まで）をスタートレベル判定テストで見きわめ、どのレベルから勉強を始めるかを判断します。そして志望校（東大生が指導します）の合格最低点が取れるような宿題を出すという点で、自分で受験計画を立てたり、参考書選びに自信がない人には、よくできた通信指導だと自負しています。

学校で勉強するのは、無駄？

教科に特化した先生には、どんどん質問せよ

「もう学校のテストは赤点スレスレでいいよ」

本気で東大受験を目指したいという人に対して、私はこのようにアドバイスすることがあります。つまり、最低限、進級に必要な点数をクリアして、あとは東大受験に特化した勉強に集中すべきということです。

しかし、なぜか多くの生徒が受験勉強よりも学校からの課題を優先します。必死になって学校の宿題をこなしているうちに、がんばれば受かったかもしれない東大へのチャレンジすらあきらめてしまうのです。非常にもったいない限りです。

現実問題として、高3になったら学校の授業をまともに受けている場合ではありません。高2までは基礎学力を身につけるために、学校の授業もそれなりに有効ですが、高3からは本格的に東大受験（東大以外を受ける、たとえば医学部の場合なら、その志望校対策）の準備に取りかかる必要があります。

東大を含めて、受験勉強はその志望校で出題される問題を解けるようにするための勉強を意味します。しかし、学校の授業は、教科書に沿って行うものであり、しかも予備校の先生ほどわかりやすく解説してくれるわけではありません。

その意味では、灘高でさえ、東大に特化した授業をしてくれませんでしたし、そんな高校、日本のどこを探しても存在しないのです。はっきり言えば、学校の授業は東大対策、志望校対策にはつながらないということです。やはり、**学校に頼らず、何らかの手段で東大の受験勉強に取り組む必要があるでしょう**。

私は「東大に合格する人は賢い」という言葉を、ただ学力に優れているという意味でとらえていません。東大に合格する人は、目的を達成する方法を選ぶことができて、それを実行する力を持っているから賢い、と考えています。

たとえば、仕事のマニュアルに熟知し、すべてマニュアル通りに仕事をする人、同僚や後輩がやるべき仕事まで自分でやってしまう人を「できる人」とは呼ばないでしょう。

本当にできる人は、「業績を上げる」「プロジェクトを成功させる」という目標を達成するために何をすべきかを理解し、後輩や同僚にまわせる仕事はまわしながら、本当にやるべき仕事を進めていきます。

これは受験勉強をするときも、まったく同じです。

東大の受験対策勉強と学校から課された宿題。東大に合格したいなら、どちらを優先させるべきかは、火を見るよりも明らかです。

実は、これは学校の勉強にまったくついていけないときも同じです。学校は、生徒個々の能力に合わせて授業を進めることは不可能ですから、学校の授業レベルから遅れている生徒は、授業を聞いてもちんぷんかんぷんです。

もし私がその立場だったら、きっと先生に次のように交渉すると思います。

「今の私には授業についていけるだけの学力がありません。ですから、学校の授業中に基礎の勉強をさせていただきたいのですが、内職を許してもらえないでしょうか」

授業についていけない人も、東大受験対策に専念したい人も、学校で無駄な時間を過ごす必要はないのです。

とはいえ、**学校にいい先生がいるなら、大いに頼るべきです**。学校の先生の中には、東大受験には熟知していなくても、教科を教える能力に長けている人がいます。そういった先生にはどんどん質問をして勉強を教えてもらいましょう。

わからない部分を教えてもらうとき、優秀な先生は非常に頼りになります。

「根性論」では絶対に通用しない

正しい「やり方」を見つけるのに「根性」は不要

親の学歴はＤＮＡ的に子どもに遺伝するわけではありません。

何度も繰り返すように、東大合格はテクニックしだい。親が東大を卒業していて、自分が知っている東大合格法を子どもに伝えていれば、子どもも必然的に東大に合格しやすくなる。ただ、それだけのことです。

親が東大を卒業していなくても、最適なやり方さえ見つければ、東大合格の確率は上がります。しかし、東大を卒業していない親に限って、子どもを東大に進学させようとするときにスパルタ式になりがちです。ここに大きな問題があります。

子どもを東大に合格させたいと考える親が犯す間違いのほとんどが、根性主義への傾倒です。

根性主義一辺倒の親は、子どもに苦手科目があったとき、それを克服するように強要します。**苦手科目の克服を強要されると、９割の子どもはその科目を嫌いになります**し、結果的にますます苦手になります。

東大合格には、不得意科目の克服よりも、得意科目を伸ばすほうが有効であるのを知らないのです。

ただし、予備校の先生による面白くてわかりやすい授業を聞いて、不得意科目が急に得意になることはあり得ます。そういった方法を模索することを否定しているわけではありません。それも、受験テクニックのひとつです。

また、もちろん、中には根性で東大に合格する生徒も一定数はいます。「東大合格」という意味では、テクニックで合格した人も、根性で合格した人も同じです。

問題は、東大卒業後です。根性で東大に合格した人は、社会に出てから圧倒的に苦戦します。「使えない人」が多いからです。

それは当然といえば当然です。

たとえば、テクニック重視の人と根性重視の人が営業職についたとします。仕事がうまく行かなかったときに、テクニック重視の人は、もっと効率の良いやり方を模索します。セールストークのやり方、商品説明の仕方、アポイントの取り方などを変えれば、劇的に改善する可能性があります。

しかし、根性重視の人は、うまく行かないときにも、とにかく根性で乗り切ろうとします。単純に、100軒回っていたのを、1000軒に増やすことで成約件数を増やそうと試みます。

しかし、やり方が間違っているのに、いたずらに訪問件数を増やしたところで、成約が増える可能性は低いのが目に見えています。

つまり、根性で東大に合格できたとしても、遅かれ早かれ壁に突き当たることになるわけです。

私は、テクニックで東大に合格するのは全然悪いことではないし、むしろテクニック重視のほうが将来的にもうまく生きていける人間になれると考えています。

ダメだったときにやり方を変えるという発想を、子どもの頃から身につけておけば、社会に出てから何かうまく行かなかったときに、すぐにやり方を変えることができます。

同じやり方を何度も繰り返して苦しんだり、自分に才能がないと絶望したりするより、よほど生きやすいと思います。

「東大卒の家庭教師」をつける意味

「わからない科目」をわかりやすく教えてくれる人を

東大合格のために、家庭教師が絶対に必要などということはありません。家庭教師はあくまでも、勉強するときのツールのひとつ。家庭教師から学ぶのが合っているのなら、活用を検討すればよいというだけの話です。

家庭教師を選ぶときには、大きくふたつの目的があります。ひとつは東大の受験対策を教えてもらうという目的。この目的で家庭教師を依頼する場合、東大受験を経験している東大生を選ぶべきでしょう。

地方の場合、地元の大学の学生さんが家庭教師になるケースが多いため、東大の入試対策を教えてもらうのは期待しにくいといえます。

東大生の家庭教師を選ぶに際しては、どんな勉強法をしていたのか、どんな塾に通っていたのかを聞いてから採用するべきです。

中には、ハードな塾でひたすら勉強させられた結果、東大に合格した人もいます。そういった学生を家庭教師に雇っても、同じようにハードな勉強を課されるだけです。

自分で勉強法を工夫した学生、自分に合った参考書を見つけて勉強した学生は、受験生に合わせて適切な対策を見つけてくれる可能性が高いといえます。依頼するのではあれば、こういったタイプの学生がおすすめです。

また、東大生や東大卒だからといって、教え方がうまいとは限りません。ここは注意すべきポイントです。

「問題を解く能力」と、「教える能力」は別物です。

東大受験に合格した実績を持っていても、教え方が下手な人はたくさんいます。特に最悪なのは、できない生徒をバカにして、生徒の能力に合わせようとしない先生です。

私がある子ども向けのスポーツ教室を取材したとき、「逆上がりができない子ができるようになるように教えられなかったら、先生がクビになる」という話を聞きました。ティーチングスキルがあるかどうかで評価する。これが真っ当なプロのコーチのあり方です。

しかし、私が子どものころ、体育教師から逆上がりのやり方を丁寧に教えてもらった記憶はありません。それどころか「なぜできないんだ」「これくらいできないなんて、根性が足りない」などと、見当外れの中傷を繰り返され、運動すること自体が嫌いになってしまった記憶があります。

プロスポーツの世界を見ても、かつての名選手が、「名選手だった」という理由だけで監督やコーチになるケースも日常茶飯です。

指導者としてのスキルよりも、過去の経歴が重視される。これは、「東大生だから東大に合格できる勉強を教えてくれる」と信じてしまうのと同じ構造です。

仮に、教え方の下手な人に当たってしまったときは、遠慮せずに次々と変えていくべきです。いい先生に当たるまで変えていって、そのいい先生に長く教えてもらうのが理想です。高2、高3になってからあわてて家庭教師の力に頼ろうと思うと、教え方の下手な先生に当たっても、妥協せざるを得なくなります。早めにいい先生を見つけておくことが大切なのです。

さて、家庭教師を選ぶ目的のふたつ目は、わからない科目を教えてもらうという目的です。この場合は、東大生でなくても大丈夫です。とにかくわからない科目をわかりやすく教えてくれる人を選べばいいのですから。

東大受験と部活動は両立できない？

「できない」と思いこむ親たちの罪

「クラブ活動に取り組んでいると東大受験は突破できない」というのは、真っ赤なウソです。

その証拠に、東大合格者が睡眠時間以外のすべてを勉強に注いでいるかといったら、そんなことはなく、クラブ活動をしている人もいれば、テレビを見たりゲームをしたり、恋愛をしたりしている人もいるわけです。

確かにクラブ活動にすべての時間を注いだら東大合格は難しいでしょうが、それはクラブ活動をしていない人でも1日中ゲームに没頭していたら東大合格が難しいというのと同じです。

クラブ活動をやめれば学力が向上する、と考えるのは安易な発想です。

ところで、プロの野球選手や将棋の棋士などは学歴と無縁の人も多いですが、彼らは普通のクラブ活動とはまったく次元の違うレベルで、生活のすべてを野球や将棋などに捧げています。

もしアメリカの大リーグで活躍する大谷翔平《おおたにしょうへい》選手が、1日の数時間を受験勉強に費やしたら、東大合格も夢ではないと思います。あれだけスポーツ選手として一流ということは、大脳皮質は間違いなく発達していますから、あとは勉強のやり方を知るかどうかの違いだけです。

将棋の藤井聡太《ふじいそうた》七段にいたっては、すぐれた記憶力や思考力を発揮しているのですから、東大に合格する力があると考えて間違いありません。

話を戻すと、どうしてもクラブ活動と勉強を両立したいのなら、インターネットやゲームなどに費やす時間をなくせばいいだけです。

どんな人でも、勉強とクラブ活動、勉強とゲームといったように2つまでは両立できるはずです。

3つ以上に手を出すと、結局どれも中途半端に終わってしまう可能性が高くなるので要注意です。

友人は「敵」と考えるべきか？
ともに助け合う「関係」を

東大を目指すまわりの友人をライバル視するというのは、まったく感心できないスタンスです。むしろ、同じ東大を目指す仲間として助け合ったほうがよいに決まっています。誰しも10代の思春期には、精神的に不安定になります。そこに受験のプレッシャーも加わりますから、心が不安でいっぱいになるのも当然です。

そんなときに**頼りになるのは、親よりも友人です**。仲間の存在は、受験を一緒に乗り切るための大きな力となってくれます。

だから受験生の親は、自分の価値観で子どもを縛り続けるよりも、「できる子」と付き合うことを促すべきです。仮に周囲に東大受験を目指す生徒がいなくても、クラスにひとりかふたりくらいは「勉強できたほうが格好いい」という価値観を持っている生徒がいるはずです。こういう生徒と仲良くさせるのです。

もっといえば、教育に力を入れる親同士が仲良くなり、情報交換できるような環境を作っておくことも大切です。そうすれば、子どもも必然的に友だちづきあいで苦労しなくて済むようになります。

私は灘高時代に、大学受験の勉強を通じて何人かの友人を持ちました。スランプに陥ったときにはお互いに励まし合い、勉強のやり方を教え合うなどして、ほぼ全員が志望大学に合格することができました。

受験勉強という機会があったからこそ、友人ができたわけでもあり、それだけでも受験をした価値があったと思っているくらいです。

東大を目指す生徒と友人になることで、情報を交換したり、勉強を教え合ったりするメリットがあります。特に人に教えることで知識は定着しますから、むしろ積極的に教えるべきです。つまり、仲間がいれば相乗効果でレベルアップできるわけです。

灘高をはじめとする受験の名門校では、受験勉強を団体戦として考える伝統があります。経験則から、彼らは足の引っ張り合いをするよりも、助け合ったほうが合格率が高まるのを知っているのです。私のいた灘高は、当時は東大合格者数日本一を競っていましたから、それを増やすために助け合いました。私の実感からも、むしろ高3になってから同級生が仲良くなるというケースがよく見られます。

ゲームをやるなら「具体的なルール」を決める

「家族のいないところ」ではやらせない

テレビやネットのゲームにまったく興味がなく、勉強をゲーム感覚で楽しむことができるなら、それに越したことはありません。

とはいえ、今のゲームは非常に面白くできていますし、一度も触れずに過ごすのが難しいのも事実でしょう。

ゲームをするのなら、**「1日1時間まで」「夜9時以降はやらない」**などルールを決めておくのがポイントです。

あるいは**「英文解釈テキストの52ページから58ページまでしたらゲーム20分ＯＫ」**などと具体的に決めるのもひとつの方法です。ゲームをご褒美効果として活用するわけです。

ご褒美で勉強をさせるというと、批判の声が上がりがちです。しかし、私は一概に悪いとは考えていません。

そもそも社会が労働の対価として報酬を得る仕組みになっているのですから、その仕組みを体験的に理解しておくことも重要だからです。

それより害悪なのは、無制限にゲームを許してしまうことです。**無制限にゲームを続けていると、依存症に陥る可能性が高まります**。依存症とは、快感や高揚感をともなう行為を繰り返すうちにその行為がやめられなくなる状態のこと。

依存症になると、ゲームが勉強を阻害していると頭ではわかっていても、やめられなくなります。依存症は医療機関でも簡単に治療できない心の病なのです。

この場合、「ゲームをしていたら東大に行けないよ」という理屈で諭すにも限界があります。「頭ではわかっている」にもかかわらず、自制できなくなっているからです。

ゲーム依存状態を解消するには、物理的にゲーム機に触れない環境を作るしかありません。こっそり自室でゲームしないようにするためにも、ゲーム機をリビングに置くなど、共用スペースに限定しましょう。

「**ゲームは、家族の目の届く場所で行う**」

などとルールを決め、時間が来たらゲーム機を触れない場所にしまう。これくらい徹底しておく必要があるでしょう。実際、依存症になると一生治らない人もいるし、社会生活が送れなくなる人もいるという怖い病気なのですから。

東大に入ると「選択肢」が増える

「東大卒」という付加価値

東大に入ることの価値は、選択肢が広がるということです。なんといっても、東大にはまだブランド価値があります。このブランド価値のために、優遇されたり、チャンスを得たりする機会も多いといえます。

たとえば、東大生は在学中にも、家庭教師や塾講師のアルバイトで重宝される傾向があります。家庭教師の場合は、東大生のほうが他大生と比較して時給の面で優遇されることもしばしばです。

就職するときも、東大生と無名大学の学生が同じくらいの好感度だったら、東大生が優遇されるのは否定しようのない事実です。

東大生は、基礎的な学力が高く、知識を吸収するのも速いとみなされます。また、東大生を採用することで、採用実績に「東大卒」をアピールしたいと考える企業もあることでしょう。企業としては、東大生のほうに食指が動きやすいわけです。

これは企業に就職するときに限りません。アイドルやタレントの条件は学歴ではなく、中学卒業の肩書きでもトップアイドルを目指すことは可能です。一方で、アナウンサーになるには大学を卒業する必要があります。つまり、大学を卒業している人は、アイドルにもアナウンサーにもなれる可能性があります。

さらに言えば、同じルックスやアナウンス能力、歌唱力やダンスのスキルを持った人であれば、他の大学の卒業生よりも、東大卒のほうがアイドルやアナウンサーになりやすいと思います。「東大卒」という付加価値があれば、テレビ局やタレント事務所としても売りやすいからです。

その証拠に、テレビのクイズ番組などを見ていると、現役東大生のタレントがしばしば回答者として出演しているのを目にします。

もちろん社会に出れば、実力勝負の側面も多々あるわけですが、東大を卒業しておけば、さまざまな面でチャンスが与えられ、人生の選択肢も広がります。

東大を出てお笑いタレントを目指すのも、弁護士を目指すのも自由であり、しかもほかの大学に行くより、なれる可能性も高いということを、知っておいて損はありません。

5章

一生身につく、武器になる科目別「必勝勉強法」

勉強したら、実際に問題を解くのが基本

「出力」のトレーニングを繰り返す

各科目の勉強法を解説する前に、改めて勉強の原則をもう一度繰り返しておきます。せっかく知識を記憶しても、それを的確に「出力」できなければ、意味がありません。泳ぎ方をどれだけテキストで学んでも、実際にプールで泳げなければ意味がないのと同じです。ここでいう「出力」とは、実際に試験問題を解くことです。

受験生の中には、頭では理解しているのに、試験でうまく答えられないケースがあります。特に、論述問題などは、わかっているだけではなく、採点者に理解してもらえるような解答を書かなければなりません。そのためにも、出力のトレーニングを繰り返し行っておくことが肝心です。

出力のトレーニングとは、問題集を解く練習を意味します。たとえば、日本史や世界史の参考書を読んだなら、本当に解けるかどうか問題集に取り組んでみます。何度も出力練習をすることで、本番でもスラスラと解答を書けるような実力が身につきます。

数学でベクトルを学んだときには、ベクトルの問題をいくつも解いて、きちんとした答案を書けるようにしておきます。

ちなみに問題集は、全部簡単に解けるレベルのものを選ぶのではなく、「自力では解けないけれど、答えを見れば解き方を理解できる」レベルのものを選ぶのがベストです。簡単に解ける問題集をひたすら解いていったところで、実力は上がるわけがありません。問題集に取り組むのは「できない問題をできるようにするため」と意識しましょう。

問題集を解くとともに、模擬試験を受けてみることも有効です。テストも力試しのために行うのではなく、できなかった問題は何かを見きわめるために活用するものです。ですから、テストの結果には一喜一憂せず、できなかったところを反省して、次につなげることを意識しましょう。

「わかっていたつもりなのに解けなかった」という場合、記憶が曖昧《あいまい》だったか、出力練習が足りなかったか、いずれかの原因が考えられます。東大は論述問題が多いですから、**特に高3の1年間は、東大の過去問と模擬試験に取り組み、出力練習を徹底してください。**

英語

英語の勉強は、できるだけ早めにスタートしておく

「英単語3000語の壁」をまずクリアせよ！

英語は、社会に出てからもっとも役に立つ科目のひとつですから、確実に得意科目にしておきたいところです。

英語の学力を伸ばすには時間がかかりますが、一度レベルが上がると簡単には落ちないという特徴もあります。英語の学力は、基本的に学習量に比例しますので、できるだけ早めにスタートするに越したことはありません。

中高6年計画で時間を十分に使えるのであれば、英単語は文章の中で覚えていくのが効果的といえます。単語だけ機械的に覚えるよりも、文章の中で覚えたほうが、使える知識になるのは間違いないからです。

とくに中学の単語は比較的簡単ですから、覚えるのにもそれほど苦はないはずです。中学生のときから単語を文章の中で覚える習慣をつけておくと、英文を読むスピードが上がります。同じ時間で英文を読める量が多くなるので、勉強をすればするほど実力が伸びる

という好循環に入ります。

一方で、高校になってから単語力が不足していると痛感した場合は、先に単語を覚えてしまうほうが有効です。この時点で単語数が少ないと、辞書を引く回数が多くなり、勉強の効率が悪くなります。

まず単語集やカードなどを活用して、単語の丸暗記に努めましょう。

単語を丸暗記するのは大変な作業だと思いますが、2000～3000語覚えてしまえば、その後、英文を読むスピードは格段に速くなります。がんばったかいがあったと実感できる瞬間が必ず訪れますので、我慢して丸暗記を続けてください。

要するに、中学のときにリードしておけば、高校での勉強がラクになります。逆に、中学のときにのんびりしてしまうと、高校時代の勉強が非常に苦しくなります。目安としては中2の途中までに中3で習う範囲まではマスターしておきたいところです。

高校時代に早めに入試突破レベルに達しておけば、高校3年時には英語は軽く復習をしておく程度で、実力を維持できます。そうやって、他の科目に時間を使うというのが賢い戦略といえます。

英語

「速読力」正解にスピードアップする「読み方」

強化するためのワザ

東大受験に限らず、受験英語を制するには長文を読解する力を身につける必要があります。具体的には、大量の英文を読み、一読して内容を把握する能力が要求されます。

しかし、学校の英語の授業では、時間をかけて英文を訳したり文法を身につけたりすることが多いのが現状です。学校の授業だけに頼っていたら、英文を速く読む力はつかないという問題があります。

先のページでお話ししたように、ある程度単語を暗記し、基本的な文法と構文を身につけたら、たくさんの英文に触れて、読み慣れていくのがベストです。

英文を読みこむといっても、「精読」と「速読」に分けられます。

精読とは、参考書の英文を自分の手で全訳する勉強法のことであり、速読とは、全訳は書かずにスピードをつけて読みながら内容を把握する勉強法を意味します。

丁寧に英文の構造をつかみながら全訳していく勉強法は、英文を読む勉強を始めるときには非常に重要な過程です。ただし、ずっとこの方法で勉強を続けていくと、きちんと訳さないと前に進めないクセがついてしまい、長文を速く読む力が身につかなくなる可能性があります。

そこで、全訳読みに一定期間取り組んだあとに、全訳をせずに速読する勉強法に移行します。ここでは、**とにかくたくさんの英文に接して、読み慣れていくことを重視します**。同時に、全訳を精読するときの感覚を解きほぐし、ネイティブが英文を読むときのように、いちいち読み返さずに流していく感覚を身につけます。

しかし、この速読だけに偏りすぎるのもまた問題です。今度は、いい加減に飛ばし読みするクセがついて、感覚で理解する読み方が定着してしまうかもしれないからです。そこで、ふたたび丁寧に全訳するスタイルに戻って、英文を丁寧に読み込む感覚を取り戻します。

このように、**精読と速読を交互に繰り返しながら、英文読解のレベルを上げていきます**。こうすることで、正確かつ速く読める力を養っていくわけです。

それぞれどのくらいの期間取り組むかは人によって異なりますが、おおむね「精読」2か月（参考書1冊）に対して「速読」1か月といったタームが基本です。

英語

「精読」ノートを使いたおして、英語を「身に」入れる！

進めるときのポイント

「精読」では、長文を手書きで訳していく勉強法が有効です。これによって、フィーリングに頼った読み方を矯正していきます。

「フィーリングに頼った読み方」とは、知っている単語をもとに、適当に意味を通してしまう読み方のこと。たとえば、主語でない語句を主語として読み違えたり、形容詞と副詞を間違って読んだりするのですが、なんとなくわかったような気になっています。実際には、意味を取り違えて解釈していることが多く、当然、受験でも得点につながりません。**この読み方が定着してしまうと、読解力が「頭打ち」になります**。

そこで、精読をするときには、英文の構造を解説してくれる英文解釈の参考書を手元に置きながら勉強をします。あまり難しすぎる参考書を選ぶと、全訳するのに時間がかかったり、そもそも解説を読んでも理解できなかったりすることがあります。自分のレベルに合ったものを選んでください。

やり方としては、英文を自分で読んで訳したあとに、解説を読みながら英文の構造を正しく理解できたかをチェックしていきます。

A4判の大きめのノートを用意し、英文のコピーを左側のページに貼り付け、右側のページに訳文を書いていく方法がおすすめです。このとき辞書で調べた語句の意味を書いたり、重要な構文、訳せなかった文章などを書いておく余白を作っておきましょう。復習をするときには、この部分を見直すようにします。

精読をするとき、1回目は辞書を引かずに「どんなことが書いてあるか」を把握します。2回目にようやく辞書を使いますが、辞書を引く語を3個とか5個とかにしぼりこみます。あくまで自分の力で考えるクセをつけるためです。知らない語句があっても、フィーリングで解釈せずに、論理的に推測して解釈する力を付けていくのです。

全訳を書いたら、模範解答を読んで、どの程度内容を把握できたかをチェックします。そのあとで、訳文を丁寧に照合していくのですが、このときは「全訳」ではなく「解説」を読みながら添削していくのがポイントです。解説のほうが文の構造を理解しやすい直訳風になっているからです。

最後に、間違っていた文や単語を辞書で調べて、ノートの余白に書きこんでおきます。

英語

「速読」3回読んで「類推力」を強化！

進めるときのポイント

「速読」のトレーニングの方法を解説します。ここでの一番の目的は、英文を読み慣れること。使用するのは、全訳と、要点が理解できる解説がのっている参考書です。「精読」のときより難易度が低く、あまり長くない英文からチャレンジするとよいでしょう。

まずは、前に戻って読み直したり、細かく訳したりせずに、前から後ろに流していくことを重視します。

辞書は使わずに、最低2回は通読します。 1回目で大まかに内容を把握し、2回目で少しだけじっくり読みます。

ひとつひとつの単語を追いながら読むのではなく、3～5個の単語のつながりをひとつのかたまりとして、まとめて意味を把握するように意識してください。

2回目の通読を終えたら、問題がついている問題集の場合は、実際に問題を解いてみて答え合わせをします。 そのあとで、全訳と照合しながら、意味がとれなかった箇所を訳してみます。

最後に、わからない語句を辞書で調べてから、もう1回通読します。

この勉強を続けていると、単語以外で苦労することがなくなってくるはずです。しかし、単語の丸暗記に注力するのではなく、「知らない単語があっても類推して読み進める」ことを意識しながらトレーニングを続けます。

長文を扱った問題集を使えば、設問の中に類推する材料がたくさんあるので、類推力を強化することができます。また、「内容一致問題」が設問としてついていると、正しく類推できたかどうかを簡単にチェックできます。そのために、先に設問を読む習慣をつけるといいでしょう。

問題集の英文を読むときには、知らない単語に気を取られないようにして、文と文との関係に着目し、意味を取ることを意識しましょう。

たとえば、「表現の自由は憲法で保障された権利である。しかし、差別の解消を推進する……」という文章があったとしましょう。「しかし」という接続詞があるので、次に来るのは「規制」や「制約」といった内容ではないかと類推できます。

このように、全体の流れをつかむ感覚が重要ということです。

数学

「暗記数学」という手法

解法パターンを暗記すれば、成績は確実に上がる

私が数学の勉強法として「**暗記数学**」を提唱していることはすでにお話ししました。

まず、私が暗記数学を「発見」した経緯から少し説明してみたいと思います。私は、小学生のころソロバン教室に通っていたこともあり、もともと計算が得意で、小学校時代から算数は得意科目にしていました。

しかし、灘中に合格して気がゆるんでしまい、勉強の手を抜いてしまったため、成績はみるみる急降下。

あれだけ得意だったはずの数学が、すっかり苦手科目に変わってしまいました。

もともと得意だっただけに、精神的なショックには計り知れないものがありました。

悩んでいるうちにも、灘では先取り学習を行いますから、私とクラスメイトとの間には、どんどん実力差がついていきます。

いつの間にか、自他共に認める落ちこぼれの仲間入りをしていました。

高1になると、授業で大学入試レベルの演習問題に取り組むようになりました。宿題で出された問題を、指名された生徒が黒板を使って解いていきます。私には難しい問題を解く力がなく、宿題をやってきた優等生の生徒のノートを借りてその場をしのいでいました。

中間テストや期末テストでは、授業でやった演習と似たような問題が出題されましたが、まともに解こうとすると、1題20分はかかります。50分の試験時間で10題出題されるのですから、とても対応できません。私は試験中に頭を抱えるばかりでした。

あるとき、同級生のひとりが優秀な生徒の数学のノートを編集したものをコピーして同級生に売り始めました。

なかなか商才があるな、というくらいに考えていたのですが、しばらくしてコピーを売っていた同級生の数学の成績が飛躍的に伸びました。これには非常に驚きました。彼は、もともと数学が得意ではありませんでした。

優等生のノートを書き写して、わかりやすく見せるための編集をしているうちに、解法

を身につけたのだろうと思われました。

そこで私も同級生からコピーを買うことにし、そこに載っている解法をひたすら覚えることに注力しました。

するとどうでしょう。

中間テストや期末テストの成績がみるみる上がってきて、満点もめずらしくなくなったのです。

とはいえ、ここまでは自分でも想定はしていました。学校のテストでは授業でやったのと同じような問題が出るわけですから、優等生のノートで解法を覚えておけば、成績が上がるのも当然だろう、と。

しかし、しばらくすると、模擬試験の数学の成績もどんどん上昇していったのです。

解法を覚えたことで、解法パターンが身につき、それを応用することでいろいろな問題に対応する力がついていたのです。

ここにきて、私は**「解法パターンを暗記すれば、数学の成績は上がる」**という事実に気づきました。それ以降は、これまで試験範囲でなかったので覚えていなかった単元についても「チャート式」の解法を頭からひたすら暗記し、解法パターンを身につけることに注力するようになりました。

結果として、高2の初めくらいから数学の実力が急成長し、高3になると、もはや数学は得意科目だと胸を張れるくらいになっていました。

高3になってからの模試では、数学でかなりよい点数をコンスタントにたたき出せるようになったのです。

暗記数学とは、囲碁で言うところの「定石」を覚えるようなものです。定石をたくさん覚えると、頭の中でさまざまなシミュレーションができるので、囲碁の実力が上がります。

数学の問題も、定石の組み合わせで解けるようにできています。いくつもの解法を組み合わせれば、自然に答えを導き出すことが可能です。

東大入試も、解法の暗記（とその組み合わせ）だけで少なくとも半分の問題は確実に解けるようになるのです。

数学

暗記数学の基本的なやり方

必ずみんなしている「正しいやり方」とは

百聞は一見にしかずという言葉もありますので、具体的に暗記数学のやり方を見ていただくことにしましょう。次のような問題があります（①を参照）。

これは小学校の算数の計算問題です。先に「3×2」を計算してから5を足すという計算の決まりがあります（②を参照）。

「先に×÷を計算して、次に＋－を計算する」という解法を頭に入れて、同じような問題を繰り返し練習すれば、解法を記憶に定着させることができるわけです。

① $5+3\times 2$

② $5+3\times 2$
$=5+6=11$

さて、同じような問題でも、解法パターンが少し違ってくるケースもあります（③を参照）。

この問題は、先に「42×65」と「65×58」を計算して、それぞれを足すことでも答えを導き出せますが、解法パターンとしては、次のように計算したほうが簡単に解けます（④を参照）。

このように解法を暗記しておくと、似たような問題にも対応できるようになるわけです。

③ $42 \times 65 + 65 \times 58$

④ $(42 + 58) \times 65$
$= 100 \times 65$
$= 6500$

数学

解法は500～600パターン覚えればOK

「なぜそのような式になるか」を理解する

先ほど、ごく簡単な計算例で説明しましたが、ベクトルや数列、微分・積分でも解法のパターンを身につければ、似たような問題が解けるようになります。

高校レベルの数学では「なぜそのような式に変形するのか」を理解しておく必要があります。解法の流れをきちんと理解できていないと、機械的に丸暗記しなければならなくなり、事実上不可能です。

何度も繰り返しますが、式を丸暗記することと「暗記数学」は別物です。暗記するのは、あくまでも解き方の手順です。解き方の手順を覚えるために、解法の流れを理解することが最低条件となります。

文系の数学なら500～600パターンを暗記すれば、よほど変わった問題以外は、ほぼ対応できるはずです。理系の場合は700～800パターンがおおよその目安となります。

もちろん、暗記した解法の問題がそのまま出題されるわけではありません。

ひとつの解法パターンと別の解法パターンを組み合わせたような問題もありますが、解法がたくさん頭の中に入っていれば、どの解法を組み合わせればよいかを考えることができます。いくつかの解法を組み合わせて試行錯誤すれば、たいていの問題は解けるようにできています。

要するに、難しい問題に出くわしたときに、解法をたくさん覚えていれば、どれかをこの問題に使えるのではないかという、方針がいくつか立つわけです。

ひとつ目のやり方でうまくいかなくても、解法のストックが多ければ別のやり方が試せます。

こうしているうちに、たいていの問題が解けるわけですし、それでも解けない問題は、ほかの受験生も解けない数学オタクだけが解ける「捨てていい問題」と考えていいのです。

暗記数学が身についているかを確認するポイントは、同じ問題を1週間後に解いて正答できるかどうかです。

自分では解法を身につけたつもりでも、1週間後に同じ問題が解けなかったら、身につ

いていないということです。

1週間後に同じ問題を解くことができたら、さらに1か月後、3か月後と時間をおいて、解法をきちんと覚えているかをチェックしてみましょう。

ところで、私は万人に暗記数学という手法をすすめているわけではありません。特に数学がもともと得意な生徒や数学的思考力に優れた生徒は、あえて暗記数学を使う必要がないと考えています。

こういった生徒は、自分のやり方で問題を解いたほうがよいと思います。暗記数学を試してみて合っているようなら使い、合わないようなら別のやり方を試す。

これは、あらゆる勉強法に共通する原則です。

数学

分野ごとにひとつひとつマスターしていく

「チャート式」参考書を使いこなせ！

数学の授業を聞いてよく理解できる人は、分野ごとに教科書レベルから入試レベルに引き上げていく勉強法が効果的です。たとえば、授業で「方程式と不等式」をやったら、すぐに青チャートなどで、その分野の解法パターンを暗記します。

このように、分野ごとに分けて、**授業で理解→参考書で解法暗記**、の順に勉強を進める方法を「**分野縦断型勉強法**」と名付けています。

この方法で勉強すると、暗記数学が効率よくできるようになります。

授業で一通り、すべての分野を学んだあとに解法パターンを覚えようとすると、中には授業を受けてから1年後に解法パターンを覚える分野も出てきます。1年前の授業は忘れていることが多いので、解法を暗記しようとしてもなかなか進まなくなります。だから、授業で理解をして、記憶が新しいうちに解法パターンを覚える必要があるのです。

この方法のメリットは、得意分野ができやすいところにもあります。

数学では、どの分野も平均的にできる人より、得意分野を持っている人のほうが強い傾向があります。東大入試では、すべての問題に完答できず、部分点だけで細かく得点するより、完答できる問題を作ったほうが高い得点につながります。

そこで、数学の勉強をするときには、まずひとつの得意分野を作ることを目標にすべきです。分野縦断型で勉強を進めていくと、好きな分野は比較的短時間で得意分野にまで持っていくことができます。

仮に授業でわからない分野が生じても、それ以前に得意分野を作っておけば、入試に対応しやすくなるわけです。

解法暗記に使う参考書としては、**『チャート式 数学』（数研出版、赤チャート）、『チャート式 基礎からの数学』（青チャート）、『チャート式 解法と演習数学』（黄チャート）**などがあります。

このうち、もっともレベルが高いのは赤チャートですが、これが使えなければレベルを落として対処します。この場合は、数学の目標点を低めに設定し、他の得意分野で勝負する戦術を取ることになります。

文法をある程度覚えたら、文章を読むことに慣れよう

単語集を辞書がわりに「1冊マスター」

東大の現国はかなりハイレベルで、センスが問われるところがあるので、やれば点が伸びる古文から解説します。

古文の勉強は、大きく次の3段階に分かれます。

①文法を暗記する
②古文を読み慣れる
③問題を解きながら覚える

この3つです。

基本的には、①と②は授業で押さえておきたいところですが、現実には自習も必要となります。

ここで注意したいのは、文法を完全に暗記しないと先に進めないという思いこみを捨てることです。

古文が苦手な人は、①の段階でつまずいてしまうケースが多いのです。

そこで、とりあえずは、「用言の活用」を暗記し、「助動詞の活用、接続、意味」「係り結び」「敬語」といった基本的な文法を学びます。時間をかけずに一通り暗記したら、②以下の段階へと移行します。

②古文を読み慣れる段階では、古文の読み方を確認しながら、①で覚えた文法の復習と、新しい文法を覚える作業を並行して行います。時間がない場合は、この段階をカットする選択肢もあります。

ある程度古文を読むことに慣れてきたら、実戦形式の問題にチャレンジしてみましょう。問題を解きながら、読解や解法のコツを身につけていきます。この段階でも、文法や知識の習得を続けます。

最初はやさしい問題集に取り組み、徐々に難易度を上げて志望校の傾向に合わせていくのが理想ですが、そこまで**時間がない場合は、志望校レベルの問題に直接取り組んでもかまいません。**

この段階では、「解法」に注目し、解法をマスターすることに意識を向けがちですが、古文を自力で読みこなすことも意識すべきです。

試験に解答するには、自力で本文を読んで解釈する力が必要とされるからです。

古文の単語集は、②→③を進めるときに、辞書代わりに使いながら1冊マスターします。とくに実戦形式の問題に取り組む時間が足りなかった人は、単語をたくさん覚えて試験に臨みましょう。古文の試験では、単語の意味や古文常識を知っているだけで対応できることがあります。

国語

「現代文」は割り切って対策すればOK

フィーリングの合う「参考書選び」が重要

現代文には英語や数学のように、「この勉強をすれば、確実に点数が伸びる」という確立されたメソッドがありません。しかも、勉強したことで一気に伸びる人もいれば、まったく伸びない人もいて、個人差も大きいという特徴があります。ある程度はセンスのよしあしで決まってしまう部分があります。

現代文で出題される問題は、文章自体のレベルも、設問のレベルも高いので、2、3冊の問題集をこなしたくらいでは、目に見えるような変化が生まれません。

そこで、あえて時間をかけて対策するよりも、短時間の対策で間に合わせるというのもひとつの方法です。現代文にかける時間を他の科目に配分して、トータルの得点力を高めるという作戦です。

まず、**東大の過去問を実際に解いてみて、現時点でどの程度、自分に得点力があるかを確認**してみましょう。その結果から、現代文の対策がどの程度必要かを検討します。

苦手な現代文を伸ばしておく必要があるという人は、とにかく参考書を使って対策をしてみて、さらにどの程度伸びるかを確認します。ここで、期待を大きくかけすぎるのは禁物です。「伸びればラッキー」くらいの期待値で取り組むくらいでいいでしょう。

現代文の参考書は、その人の好みや相性に合うかどうかで、使いやすさがまったく違ってきます。

ある人にとっては「使える参考書」だったとしても、他の人にとってはまるで参考にならないこともよくあります。つまり、自分に合った参考書を選べば、得点力が伸びる可能性もあるということです。

実際に書店に足を運んで、相性がよさそうな参考書を探してみましょう。合っているかどうかは、解説のわかりやすさや説得力などで判断しますが、ある程度フィーリングで選んでしまってかまいません。

実際に使ってみて、よさそうだと感じたら、同じ著者（予備校）の参考書や問題集に続けてトライします。合わない場合は、別の著者の参考書を試してみます。

これも相性によりますが、定評のある予備校の講座で伸びることもあります。時間に余裕があれば試す価値のある予備校の利用法だと思います。

地歴

「歴史」その背後に「何があったか？」を知る

勉強するときのポイント

一般的に、大学受験の地歴は、とにかく暗記の努力をした人が点数を伸ばすというイメージがあります。学校の定期テストや、他大学の入試では、たしかに覚えた知識量に比例して得点が伸びる傾向があります。

しかし、**東大の場合は、教科書に出てくる用語を暗記しても、点数が伸びるわけではありません**。極端に言うと、1～2割程度しか点数に結びつかない可能性もあります。**求められているのは、知識をもとにした「推論能力」です**。知識をつなぎ合わせて理解し、論述する力が必要になってきます。まずは、丸暗記だけでは対応できないと知っておくことが大切です。

必要となる基本的な知識は、教科書レベルで十分といえます。まずは、教科書をメインに、サブノートや「一問一答」、用語集などを使って暗記をしていきます。その後、問題集に取り組みながら、覚えた知識が定着しているかをチェックしていきます。

教科書を暗記するときには、単に太字を覚えるというのではなく、実際の入試に出るポイントを意識することが大切です。「ここは出題されそうだ」というポイントに意識を向けると記憶に残りやすくなります。

そこで、東大入試の過去問3〜4年分をもとに、教科書を見ながら解いてみましょう。そして「教科書のここを覚えれば、この問題は解ける」というところをチェックしておきます。「**この出来事の背景には何があったのか**」「**これによって、社会はどのように変わったのか**」などを考えながら教科書を読むクセをつけていくのです。

ある程度知識を身につけたうえで、東大入試の傾向に合わせた演習を、問題集や過去問で行っていくことになります。ここで論述力を高める勉強を進めていくわけです。

ただし、受験生のセンスや一般常識、表現力などによって点数に開きが生じるのも事実なので、自分のレベルによって、どれだけ地歴に勉強時間をかけるかを判断していくことになります。英語、数学、国語などである程度得点が見こめ、なおかつ地歴科目の点数が伸びないときには、最低限必要な対策にとどめるという戦略をとることもあります。

あとは必要に応じて、さらに得点の上積みを目指す判断をしていきます。これは、現代文の対策と似たようなスタンスといえます。

理科

「理科」は「力学」をあきらめる選択もあり

勉強するときのポイント

東大の理科の問題の多くは、標準的な問題で構成されており、もっとも点数が取りやすい科目のひとつとされています。

したがって、標準的な問題を解けるようにしておき、過去問などで東大の出題傾向に慣れておけば、高得点を狙うことも十分可能です。

中でも物理は覚える知識が化学や生物と比較して少なく、得意科目になれば高得点を出しやすい特徴があります。

特に、数学が得意な人は、物理で点数を稼ぎたいところです。

物理では、「力学」と「電磁気」の分野を攻略することが肝心です。特に「力学」は最も重要な分野です。数学でいえば「式と計算」のようなものであり、力学が理解できないと、他の分野もよくわからなくなります。この力学をしっかりマスターすれば、物理を得意分野にできる可能性が出てきます。

逆にいうと、物理で伸びない人は、力学でつまずいているケースが大半です。こういった人は、力学をしっかり学び直す必要があります。基本をしっかり理解したあとに、解法パターンを暗記していきます。このあたりの進め方は、数学と同じです。

順序としては、

「力学」
↓
「電磁気」
↓
「その他（残りの分野をひとまとめにしたもの）」

という流れで勉強していきます。

数学の勉強法で紹介したのと同様に、「分野縦断型」で攻略していくのが効率的です。

数学と比較すると、物理は覚えておくべき解法パターンの数が少ないので、短時間でも実力アップすることが可能です。

物理の問題は、公式や物理法則を適用して解いていきますが、公式を丸暗記することには意味がありません。

まず大切なのは、物理現象や法則を理解することです。力学ならば、物体に働く力の向きや種類を正しく理解していないと、公式を暗記していても適用できません。

そこで、実際に問題を解きながら、解法パターンと一緒に公式を覚えていく方法がベストです。公式を覚えていない段階では、公式を見ながら問題を解いてもよしとします。公式を適用して問題を解くプロセスを繰り返しているうちに、自然と公式を覚えてしまうはずです。

物理の解法暗記をするときには、どうしても解けない問題は模範解答を見て理解します。解答や解説を読んで理解してからもう一度自分で解き、理解を定着させていきます。

これが理解できない場合は、家庭教師を雇うか、物理受験をあきらめ、理解しやすい問題が多い、化学や生物での受験を考えるべきでしょう。

理科

「化学」は「理論」を高2までにクリアする

勉強するときのポイント

化学を単純な暗記科目としてとらえている人がいますが、これは実情を正確には言い表していません。

化学の教科書を見ると細かい単元がたくさん並んでいますが、大きく**「理論」「無機」「有機」**の3分野に分けられます。この中で「無機」と「有機」は暗記が有効であり、基本的には覚えれば覚えるだけ得点に結びつきます。

一方で、「理論」は丸暗記では対応できない分野です。「理論」は、物理でいうところの「力学」と同じように、もっともカギとなる分野です。出題される比率も高いので、「理論」をクリアしない限り、他の分野の勉強をがんばっても、得点の上積みは期待しにくくなります。

逆にいえば、理論を攻略できれば、残りの分野の暗記量しだいで得意科目にすることが可能です。

「理論」は高2までに土台を固めておくのが理想です。理論をマスターしておけば、高3になってから余裕を持って「無機」「有機」を押さえることができます。

「理論」を学ぶときには、教科書はあまり役に立ちません。教科書代わりになる参考書を用意して読んでいくのが効率的です。特に東大受験に備えるには、辞書的な参考書を活用しておくとよいでしょう。「理論」を一通り身につけたら、実戦形式の問題を解いていきます。問題を解いていてわからない部分があったら、辞書本の解説を読んでフォローしていきます。予備校の先生が書いたわかりやすい参考書も役立つはずです。

このとき、解説を読んだだけで納得するのではなく、自力で問題が解けるようになったかを確認しておきましょう。間違えた問題は徹底的に反復して、穴を埋めていくイメージです。ここでも解法パターンを暗記するという考え方が重要です。

「無機」と「有機」については、前述したように、暗記中心で勉強を進めていきます。ここでは徹底して反復しながら記憶に定着させていくのが最も確実です。

高3の夏に「無機」と「有機」を徹底的に暗記しておき、秋以降は交互に参考書を使いながら、記憶を維持していきます。試験が近づいてきたら、過去問や実戦形式の問題を解きながら、「理論」「無機」「有機」を総合的に仕上げていきます。

理科

「生物」そこにある計算やグラフをマスターせよ

勉強するときのポイント

生物は、物理や化学と比較すると教科書の学習のウエイトが高い科目です。

ひとまず教科書の内容を押さえておけば、基本的な問題には確実に対応できます。基本語句の穴埋め問題や基本的な知識をとる論述問題で確実に得点すれば、25点くらいまでは比較的ラクにクリアすることができます。ここを得点できる労力は、化学よりも少ないといえます。

教科書を読んでいて、「わからない」と思う部分も、物理や化学より少ないはずです。ただし、覚えなくてはいけない知識量が多いので、一通り押さえるまでにある程度の時間がかかります。

そこで、**できるだけ「学校の授業＋サブノート」を活用しながら知識を身につけていく方法が基本です**。

基礎的な知識が身についたら、問題集を解きながら復習をしていきます。この過程で、使える知識を積み上げていきます。

遅くとも高3の夏までにはここまでクリアしておきたいところです。その後は、東大入試に対応した演習を積み上げていく段階に入ります。

ところで、**生物を受験する人の中には、計算問題やグラフ問題が苦手な人が一定数います**。生物には化学よりも「暗記でなんとかなる」というイメージが強いため、計算が苦手な人が選択しがちな科目です。しかし、当然ながら計算やグラフ問題は丸暗記では対応できません。

特に、生物で得点を上積みさせたいと考えている人は、この分野を攻略しておく必要があります。参考書を読んで補強しておきましょう。ここでも予備校の先生が書いたわかりやすい参考書が役立つはずです。

試験が近づいてきたら、過去問と模試問題集に特化して解いていきます。東大の場合、かなり長文の問題が出題されるので、のんびり取り組んでいるとすぐに時間切れになってしまいます。それを防ぐために、「長い問題文の意味を素早くつかむ」「的確・迅速な論述答案のコツをつかむ」「問題文の理解が不十分なところがないか確認する」という3つのポイントを意識しながら取り組みましょう。

6章

最高の自分を出す！「東大受験」の本番対策

「模試」の活用法

でも、実力を判断するなら「過去問」

模試は、高2の段階で1〜2回受けてみるとよいでしょう。たとえば、夏休みに1回、年明けに1回といった具合です。

この時期は、先行して勉強していた英語と数学がどの程度仕上がっているかを確認するのが一番の目的です。他の科目については、本格的な対策を行っていないので、この時期にいい点が取れなくても悲観する必要はありません。当然、偏差値や志望校判定も気にしないで大丈夫です。

高3になってからは夏休み前に1回、夏休み中に1〜2回、9月以降は、月1以上のペースで模試を受けるのをおすすめします。ただし、基本的には高3になって受ける模試は東大の受験形式にあったものにすべきです。

この時期の模試は、「良質の問題集」という位置づけで考えます。特に理科や社会は、模試を受けながら受験に必要な知識を身につけていくことを意識します。

学校によっては校内で受ける模試を予定していることもありますが、校外の会場で受けるほうがよいでしょう。校内では、同級生に囲まれているので、そこまで緊張感がないのに対して、校外では他校の知らない受験生に囲まれるので、本番に近い緊張感の中で試験を受けることができます。

私がたくさんの受験生を見て来た経験からいうと、模試が嫌いだったり苦手だったりする受験生の多くが、本番では普段通りの実力を発揮できない傾向があります。早めに試験慣れするのが一番の対処法です。

模試を受けたあとには、その日のうちに復習をしましょう。問題を解いた記憶が残っているうちに復習すると、記憶の定着率が高まるからです。

模試の解答・解説は参考書よりわかりやすく書かれている傾向があります。解説を読みながら、知らなかった知識を身につけ、間違えた問題をもう一度解き直してできるようにしておきます。このとき復習した問題が、入試本番で出題されることもよくあります。

なお、実力を判断するためには、模試よりも過去問を解いたほうが確実です。過去問を解いて自分のレベルがどの程度まで上がっているのか（合格最低点にどれだけ近づいているのか）も合わせて確認するようにしてください。

自分に「大丈夫だ！」と言い聞かせる

「信じる者」は最後まで伸びる！

試験が近づいてくると、誰でも不安になるものです。

「受験に失敗したらどうしよう」などと考え、プレッシャーで体調不良に陥ったり、勉強に集中できなくなったりする人もいます。

脳科学の研究によると、不安や恐怖によりストレスを感じると、脳の前頭前野の神経回路にダメージを与えることがわかっています。勉強に集中できなくなるのも当然です。

とはいえ、いたずらに不安を恐れる必要はありません。不安は、勉強の動機づけにもなるものだからです。

私は、受験シーズンに差し掛かると、東大受験を目指す生徒から「落ちるのが不安で勉強が手につきません」「不安で寝つけない」などと相談を受けることがあります。

そんなときは、必ず次のような言葉を口にします。

「**不安になるのは当然だよ。落ちる不安がなければ、誰も勉強なんかしないからね**」

不安になるのは誰でも同じです。人間は、不安だからこそ、その不安を振り払うために努力できる生き物なのです。

受験生が不安になるのは「合格したい」という強い思いがあるから。その証拠に、合格をあきらめた人は受験勉強に不安を感じません。不安を感じる必要がないからです。だから不安を持ったら、「自分は合格したいという気持ちが強いんだな」と見方を変えてみましょう。そのうえで、「大丈夫、自分なら絶対に受かる」と思いこむことも大切です。

製薬会社が新薬を開発し、臨床実験を行うとき、新薬と偽薬を患者に与えて、効き目を比較するデータを取ります。このとき、「この薬は効く」と思いこんだ患者が偽薬を飲むと、本来効くはずのない効用が表れることがあります。

これを「プラシーボ効果」といいますが、試験直前にも「絶対に大丈夫」と思いこむことで、普段以上に脳を働かせる効果が得られます。

たとえ、**模試の判定が厳しい状況でも、「自分はできる」と言い聞かせながら勉強を続けましょう**。模試の偏差値より、合格最低点をクリアするほうが、合格の可能性を高めてくれるものです。直前期には自分を信じて追いこみをかけます。自分を信じることで、得点力は直前まで上がり続け、本番でも実力を発揮できるようになるのです。

まずは「やさしそうな問題」を解いて勢いをつける

「行けるぞ」という波をつくる方法

試験が始まったら、まずはすべての問題に目を通します。丁寧に読みこむ必要はなく30秒くらいで、さっと見渡すイメージです。

この時間に、「どういう問題が、どのような順に並んでいるか」「過去の問題と比較して、傾向が変わっている部分はあるか」「苦手分野、得意分野の問題がどこにあるか」などを大まかにチェックします。

そのうえで、試験時間を通しての戦い方をイメージします。事前に立てた戦術と照らし合わせながら、戦い方を再確認するのです。傾向が変わっていたときには、それに合わせて対策を練り直します。

そこから実際に問題を解いていくわけですが、まずは「解けそうな問題」「簡単そうな問題」を探して解きます。

入試問題は、「やさしい問題→難しい問題」の順に順序よく並んでいるわけではありま

せん。

第1問から解き始めたものの、それが難問だった場合、多くの時間を費やしてしまい、焦りを生むことにもなります。

「確実に解けそうな問題から先に解く」というのが試験本番の基本です。最後に難問が残ってしまったら、潔くあきらめます。あくまでもトータルの得点で合格ラインを超えればいいのですから。

まず、**確実に解けそうな問題を解いたら、「解けたぞ」と心の中で喜びます。**小さなハードルをクリアして、そのたびに喜ぶというのは、実は脳科学的にも理にかなった方法といえます。

喜びを脳が認知すると、脳内でβエンドルフィンという物質が生成されます。この物質は「脳内モルヒネ」とも呼ばれ、不安やストレスなどを抑えて快感をもたらす作用があるとわかっています。

スポーツでも先取点を取るとチームが活気づきますし、気持ちも落ち着きます。受験本番でも、簡単な問題を解いて喜ぶことで、緊張が解けます。そして「行けるぞ」という気持ちがわいてきます。気持ちに勢いがついて波に乗ってきたらこっちのものです。

休み時間に上手に気持ちを切り替える方法

ミスを悔やむのは意味がないし、時間のムダ

試験時間が終了して、答案用紙が回収されると、次の試験の時間までの休み時間に入ります。このとき、数人の仲間が集まって、終わったばかりの試験について感想を言い合ったり、解答を確認しあったりする姿を目にすることがあります。

思わず、そういう会話に耳を傾けて一喜一憂しそうになりますが、ここで自分がミスを犯したことに気づいたりすると、気分が落ちこむだけ。これは、休み時間の過ごし方として最悪です。

ミスをしたことを悔やんでも後の祭りです。精神的にへこんだ状態で次の試験に取り組んでも、不安が募って集中力も低下します。確実に解けるはずの問題まで落としてしまう悪循環に陥りかねません。

終わったことは一切忘れて、次の試験に向けて意識を集中することだけを、考えましょう。

沢庵禅師という人が書いた仏教書に「前後際断《ぜんごさいだん》」という言葉があります。前と後の間を切って、今のときに集中しなさいという教えです。まさに「前後際断」の心で、気持ちを切り替えるのです。

周囲の受験生の反応が気になってしまいそうなら、音楽プレーヤーのイヤホンを装着して、雑音が耳に入らないようにします。あるいは、いったん教室の外に出るという方法もあります。

いずれにしても休み時間には、次の試験に向けての集中力を高めていきましょう。この時間をどう使ったかは、試験の結果にも少なからず影響を与えます。

おすすめなのは、次の試験用の参考書を復習しながら、最終確認をすることです。たまたま休み時間に復習していたページの問題が、本番の試験に出題されることもあります。そうなると「ツイてるな」と感じてテンションも上がります。

前の試験の疲れを回復したい場合は、軽く歩いて気分転換を図ったり、ストレッチをしたりするのもよいでしょう。筋肉をほぐして血行をよくすることで、気持ちがリフレッシュします。

「時間配分」を決めて臨機応変に対応する

見切りをつけるなら「5分」で判断

試験本番では、比較的簡単に解けそうだと思ったけど、実際にやってみると意外に手こずる問題に遭遇することがあります。こうしたときは、なるべく早めに見切りをつけて、他の問題に取り組むのが得策です。

「**もうちょっと考えれば答えが出そうなのに**」と思って粘り続けると、時間を使いすぎて、他の問題に手が回らなくなったり、精神的に焦ったりすることにもなります。

そのため、試験では時間の配分を割り振っておく必要があります。

試験が開始したときに、まずすべての問題に目を通すのはお伝えしました。ここで、大問ごとに解答時間の目安を記入しておきます。また、行き詰まったときに、どの時点で見切りをつけるかの目安もあわせて記入します。

たとえば、「20分（解答時間）・5分（見切りの時間）」の場合、「20分以内で解答するのが目標だが、5分考えて解答の道筋が見えそうにないときは、あきらめて別の問題に手をつける」というイメージです。

この時間配分を試験本番でいきなりやろうとしても無理です。

直前期の過去問対策で、時間配分のシミュレーションを繰り返しておきましょう。そのうえで、本番ではその場の状況に応じて臨機応変に対応します。たとえば、最初にクリアする予定だった大問が、予想以上に時間がかかりそうだと判断したら、あえて途中で中断して後回しにするといった具合です。

あるいは、時間が少しオーバーしても、確実に正解が出そうなときは、解答を出すことに集中します。そのあとで、残った時間を、残った問題で再配分するのです。

事前に決めた計画にこだわりすぎると、その通りに行かなかったときに精神的なダメージを受けてしまいます。臨機応変に対応する力を、普段から養っておくことが重要です。

ちなみに、単調な計算問題を立て続けに解いていると、集中力が落ちてくることがあります（これは東大の入試ではなくセンター試験の場合ですが）。

そこで、計算問題の合間に図形や関数の問題を解くなど、メリハリをつける工夫も意識したいところです。メリハリをつけることで、脳がリフレッシュし、集中力を持続させる効果が期待できます。

「見直しの時間」を重視する

おおよそ1〜2割の時間を確保

たとえば、試験終了までに時間が残り10分あったとしましょう。このとき、手つかずの難問にチャレンジして点数を取りに行くか、難問はあきらめてすでに解いた問題を見直すかの2つの道があります。

リスクとリターンを天秤にかければ、すでに解いた問題を見直し、ミスによる失点を防ぐほうが得点を稼ぐ確率は高くなります。たとえ時間にもっと余裕があった場合でも、問題を見直してミスをつぶしてから難問に取り組むのが理想です。

そのためにも、**試験中に「何かしっくりこない」「何となく間違っているような気がする」と感じた箇所には、△印などをつけて**おき、あとで見直す項目としてピックアップしておくとよいでしょう。

問題を解いた直後に見直そうとすると、ミスをしたときの思いこみに引きずられているせいで、そのままミスを見落とす可能性があります。しかし、時間をおいて見直すと、案外簡単にミスに気づいたりするものです。

そもそも試験を受けるに先立って「解答時間」の中に「見直し時間」を入れて時間配分を行っておく必要もあります。大問ひとつに20分を配分するなら、「解答時間17分、見直し時間3分」などと設定しておきます。

見直し時間をどの程度設定するかは、問題の形式や難易度にもよりますが、おおよそ制限時間の1〜2割と考えておきます。全体の制限時間が80分なら、10〜15分が見直し時間に相当する計算です。

また、試験本番で時間配分が適切にできるように、直前期の過去問演習でも、見直し時間の確保を意識しつつ、解答スピードを上げるトレーニングをしておきたいところです。

本番の制限時間×0・8で問題を解くのを目標にトレーニングします。

いたずらにスピードを上げると、さらにミスの確率も上がるので、「単純な知識問題は1問10秒以内に解く」など、メリハリを意識することが大切です。

なお、どうしても全問解くのが困難な場合は、難問を1〜2問捨てて残りに集中するといった戦略も考えられます。合格ラインまでの点数を自分の解答スピードを踏まえ、本番に向けた戦術を明確にしておきましょう。

試験中は「1点」にこだわり、全力で取りに行く

「わからなくても何か書く」気持ちを

入試問題には必ず正解がありますから、原理的に解けない問題はありません。どんな問題も必ず解けるように作られています。

にもかかわらず解けない問題があるのは、「解き方を知らない」か「解き方を忘れてしまった」かのどちらかです。

しかし、**解き方を知っているのに解けない、というケースがあります**。この場合、問題文を正しく読めていない可能性が疑われます。

実は、本番の試験では、精神的な焦りもあって、条件などを読み落としてしまうせいで、解ける問題が解けなくなることがあるのです。

問題を解いている途中で行き詰まったときには、問題文を正しく読めているかどうかを疑ってみましょう。難問だから解けないのではなく、問題文を正しく読めていないせいで、解き方を間違えている可能性があるのです。

見落としている条件がないかなどを意識しながら、もう一度落ち着いて問題文を読み直せば、解法の糸口が見つかることもあります。数学や物理などでは、与えられた設定条件を正確に図やグラフにするだけで解法のヒントが得られることもあります。

また、どうしても解決できない問題があっても、解答欄の空白をできるだけ埋めることも大切です。

わからなくても解答欄には何か書く。たとえば、数学ならとりあえず図だけを描いておきます。何も書かなければ確実に0点ですが、何か書いてあれば部分点をもらえる可能性はあります。

試験では合格最低点を1点でもクリアすれば、合格できます。その1点がどこで得られるのか、試験を受けている最中の受験生には当然わかりません。

だから、試験中は1点にこだわって全力で取りに行くべきです。悪あがきでもいいので、時間が許す限り解答欄をとにかく埋めていきましょう。

解答欄を埋めるだけでも「やるだけやった」という自信につながります。1点にこだわる姿勢は、気力を保つエネルギーに変わるのです。

「不測の事態」に備えておく

「動じない心」のつくり方

「試験中に、隣の受験生がペンまわしを繰り返しているのが気になって問題に集中できない」「咳き込んでいる受験生のせいで、リスニングが聴き取りにくい」

試験本番では、こういった思わぬトラブルが起こり得ます。明らかに悪質なケースは試験監督に申し出て対処してもらう必要がありますが、中には悪意がないまま、結果的に周囲に迷惑をかける受験生に遭遇する可能性はあります。こうした不運に見舞われ、出せるはずのパフォーマンスを出し切れずに終わったら泣くに泣けません。

そうした状況に対応できるようにするためにも、多少の非常事態には動じない心を養っておく必要があります。

普段、静かな自宅の自室で勉強している人は、試験本番で周囲に受験生がたくさんいる状況に違和感を感じ、本来の集中力を発揮できなくなることがあります。実際の試験会場は、さまざまな雑音であふれており、この雑音にストレスを感じてしまうのです。

そこで、試験が近づいてきたら、あえて雑音がある環境で勉強をする機会を作ってみましょう。高校生がたむろしておしゃべりをしているファストフード店や、ママ友たちが話に花を咲かせているファミレスなど、騒がしい空間を選んで、あえて勉強道具を広げるのです。

最初は、気が散って勉強に集中できないかもしれないですが、慣れてくれば自分のペースで集中のスイッチをオンオフできるようになります。やがて、周囲の雑音がほとんど気にならなくなるはずです。

もちろん、試験中に起きるトラブルは、「騒音」以外にもあります。

たとえば、試験日に人身事故で電車がストップする可能性もあれば、大雪で交通網がマヒしてしまう可能性もあります。

電車を乗り過ごしたり、受験票が見つからなくなったりするなど、実際に直面すると平常心ではいられなくなるような事態も想定できます。

こうした「考えられるリスク」を事前にリストアップしておきましょう。

それぞれの事態に、どのように対応するかを考えたり、対処法を確認したりしておきます。これは大人になってからも役立つ危機管理の基本なのです。

試験本番と同じ状況を作って、実戦慣れする

本番の入試と同じサイズの「解答用紙」を

試験の1か月前からは、本番に照準を合わせた生活リズムを意識します。

ここで特に注意したいのが、ずっと夜型で勉強していた人です。受験期に突入してから、急に早寝早起きのサイクルに切り替えようとすると、調子が上がらなくなるケースがあります。

直前期の追いこみも、試験当日の時間割を想定しながら勉強を進めます。本番の試験と同じような時間帯に、それぞれの科目を実際に勉強するのです。これによって、本番で最大のパフォーマンスを発揮できるように、体と頭を慣らしておくのです。

本番の1～2週間前になったら、本番と同じ時間帯で過去問演習を行う日を何日か作ります。このときは、起床時間や休み時間、終了時間なども試験本番とまったく同じ時間に合わせます。

この過去問演習では、自分の弱点を見つけることと、問題を解く順番や時間配分など受

験の戦術を確認することが大きな目的となります。

弱点となっている部分については、残された時間の中で勉強しながらフォローしておきます。本番の戦術については、改善点があれば紙に書き出しておきます。

「時間内に手がつかなかったけれど、解けそうな問題があった」

「予想外に時間がかかってしまい、時間配分が大きくくるった」

など、想定どおりに行かなかった部分について、対策を練っておきます。

対策を考えたら、もう一度、過去問演習を行い、きちんと修正できているかどうかをチェックしましょう。

なお、この過去問演習では、本番と同じ解答用紙に慣れておくというのも見逃せないポイントです。東大受験では記述式で解答する問題が多く、解答用紙の使い方も大きなカギとなります。

解答用紙に慣れておかないと、本番で解答に戸惑うことにもなりかねません。赤本には解答欄のサイズや形式が記載されているので、自分で解答用紙を作って、実際に使ってみましょう。

直前期には「やったこと」だけ確認する
「不安」を自分でふくらませない

試験日に「完璧にすべてを準備しきった」と言い切れる受験生は、ひとりもいないのではないでしょうか。私ももちろんそうでした。

どんなに勉強をした人でも、「あそこは勉強が足りなかったかもしれない」「ちょっとあやふやなところがあったな」などと不安を抱えているものです。そのため、直前期になって、急に手つかずだった分野に手を出して勉強を始めることがあります。

人は、実際にはまだ体験していない将来を悲観的にとらえて、不安になることがあります。このときの不安を心理学では「予期不安」といいます。

予期不安にとらわれて、新しい勉強を始める受験生は少なくありません。しかし、この選択があだとなることがよくあります。

というのも、新しい項目を勉強してマスターするには時間がかかります。そこに注力していると、今まで勉強してきた内容の復習が手薄になります。結局、どちらも中途半端な状態で試験本番に臨むことになり、受験に失敗してしまうわけです。

受験直前になったら、手つかずの分野に手を出してはいけません。ここではもう腹を決めて開き直ります。

「あの分野が出題されたら、いさぎよくあきらめよう」と覚悟を決めて、今までにやってきた内容をできるだけ万全の状態に仕上げることに力を注ぐのです。

仮に、出題範囲の2割をやり残していたとしても、8割をほぼ確実に固めておけば、合格ラインを超えられます。固めた8割のうち、8割で得点できれば、0・8×0・8＝0・64、つまり6割以上の正答率となります。得意科目でなければ、十分に得点を稼げたと評価できます。

直前の過去問演習では、「やらなくていいところ」を捨てて、やるべき内容をしぼっていきましょう。開き直りの精神で、やるべきことをしぼり、淡々と取り組んでいると、予期不安にとらわれずに済みます。

「**とにかく目の前の勉強に集中しよう。最悪の事態を考えてもしかたがない。ダメだったらそのとき考えればよいことだ**」

こう考えた人が、最終的に東大合格を果たしているのです。

おわりに
最後まで「合格する」と信じ、最適の「やり方」を探す

この本を最後までお読みになって、どう思われたでしょうか？

自分も、そして自分の子も東大に行けるかもしれないと思えたなら、しめたものです。

ひとつだけ確実にいえることは、東京大学に限らず、大学というものは受験しない限り、合格することはないということです。

私の弟の学校でも、これまで京都大学や大阪大学を受験していた生徒が、弟の姿を見て東大を受験したら次々に合格しました。本書で紹介した秋田県でも、東北大学を受験しようとする受験生に、東大向けの指導をした結果次々に合格したとのことです。

私の通信教育でも、学校に非難されたり、周囲にバカにされながら、自分を信じ、私の通信教育を信じ、東大向けの勉強をしてきた生徒が、地方の無名校から何人も東大に合格しています。

たしかに、本書の通りに勉強していても、確実に東大に合格できるという保証はありません。

ただ、このやり方を知らない受験生より、あるいは、学校のいいなりになって勉強している受験生より、圧倒的に有利なことは確かでしょう。

この本を買い、それを読んだというだけで学校の中のほとんどの受験生にテクニックのうえでは勝っているのです（この本が売れ過ぎたら話はまた別ですが）。

そして、そう思いこむことがあなたに自信と勇気と勉強をする動機を与えてくれるのです。「どうせ僕なんか」とか、「絶対に無理」と思っていても、得をすることは何もありません。

仮に東大に入れなくても、もとの志望校よりはいい学校に入れるでしょうし、本書でも書いたようにやり方を変える体験が、その後の人生に、大きな影響を与えてくれるのです。

だから、とにかく試すだけ試してほしい。

仮に思うように成績が伸びなくても、自分の頭が悪いとは思わず、このやり方が合わなかっただけと思って別のやり方を試してほしいのです（ほかにも受験勉強法の本はたくさん出ています。私としては悔しいことですが、あなたの未来のためには正しい選択です）。

それが私の最終的なメッセージです。

受験勉強法というのは、知っているだけでは何の意味もないものです。

実行してみて、はじめて役立つものなのです。

世の中には、「和田オタク」といわれる受験生がいるそうです。

私の本を何冊も読んで、まわりの受験生にアドバイスするので、まわりの受験生の成績が上がっていくそうです。しかし、本人は私の本を読むだけで、実際に勉強をしないので、成績がかえって下がって、私の信用を落としてしまうのです。私の信用はどうでもいいですが、このようなことにはならないようにしてほしいものです。

脳の研究が進むにつれ、脳そのものの機能は、記憶力も含め、脳の病気がない限り、意外に個人差がないことがわかっています。

それなのに、実際の能力に差があるのは、それまでの知識の蓄積（これによって理解力が違ってきます）、練習による情報処理速度の向上（たとえば、計算練習で計算のスピードがあがります）、そして勉強のやり方（本書で書いてきたように、効率の悪い勉強のやり方では、やっている割に能力があがりません）などによるものとされています。

記憶力にしても、本書で紹介したように理解や注意、復習、そして想起のトレーニングで大きな違いが生じますし、**夜の寝る前の時間に覚えるだけで、朝に覚える場合の2倍近い量が頭に残るとされています。**

さらにいうと、最近の研究では、社会的な成功というのは、本人の能力以上に、自信の有無のほうが大きな影響を与えることもわかってきました。

「どうせダメだ」と思った時点で負けということです。

私の著書や通信教育を通じて、思ったよりいい学校に入る効用は、その合格以上に、やり方を変えれば成功を収められるという人生観を持てることと、自分に対してポジティブになれる、つまり自信を持てるということのようです。

これはメンタルヘルスにもよいし、その後の生きる力につながることです。

本書を読む効用は、テクニックを身につけること以上に、自信をつけることにあります。最終的に東大に行けると私を信じ、自分を信じ、自信をもって正しいやり方で勉強を重ねて、栄冠を勝ち取ってください。

本書をお読みになる方の中には、中学生や高校生の親御さんも多いことでしょう。私もそれを意識して書きました。

というのも、親が子どもよりも先に、子どもの東大や医学部への受験をあきらめてしまったり、あるいは子どもが中学受験に失敗しただけで、「もうこの子はダメだ」と思うケースもめずらしくないからです。こういう親は、子どもを不幸にします。

本書の勉強法は、早く始めれば始めるほど有効です。

中1から、6年間じっくりかけて勉強すれば、土台となる「基礎学力」を盤石にする時間も十分にあります。お子さんが小学生で、中学受験をしないのならば、中学校の先取りをやるだけで圧倒的に有利でしょう。

たとえ、高校3年生になる年であったとしても、本書のテクニックを知らないままで受験するよりも、合格に近づけるはずだと、自負しています。

親御さんが、東大や医学部、難関大学合格を経験していない場合は、本書でも伝えたように、ひたすら根性論に傾いてしまったり、レベルの高い塾や予備校に入るだけで安心したり、あるいは逆に完全にその子の学力をあきらめたりと、極端になりがちです。

しかし、受かった人のやり方を素直に信じ、さらに子どもをひたすら信じるほうが、結果的に好転することが多いのです。

やり方を知らないで、成功できるのは天才だけ。

その天才は、想像するよりはるかに少ない。

だからどの世界でも、「やり方」を見つけて努力するのが王道なのです。

手前味噌ですが、本書を読むことで、私の通信教育の存在（実績はいいのに無名のため入会者は少ないです）を知ることも含めて、王道を知ったというその自信が、あなたのお子さんの幸福な未来につながるのだということ、さらには、知るだけではダメで、実践するということだけは心がけてください。

東大合格だけでなく、その後の人生でもみなさまの幸せを、私も願っています。

和田秀樹

和田秀樹 Hideki Wada

1960年大阪府生まれ。東京大学医学部卒。東京大学医学部附属病院精神神経科助手、米国カール・メニンガー精神医学校国際フェローを経て、国際医療福祉大学心理学科教授。川崎幸病院精神科顧問。和田秀樹こころと体のクリニック院長。「I & C キッズ スクール」理事長。一橋大学経済学部非常勤講師。

27歳のときに執筆した『受験は要領』がベストセラーになり、緑鐵受験指導ゼミナール創業。無名校から多くの生徒を東京大学合格に導く。その後も、受験に関する著書多数。この体験をもとに製作・監督した『受験のシンデレラ』はモナコ国際映画祭で最優秀作品賞（グランプリ）を受賞し、２０１６年にはＮＨＫＢＳプレミアムドラマとしてリメイクをされた。その後、『「わたし」の人生 我が命のタンゴ』もモナコで4部門受賞、『私は絶対許さない』でインドとニースの映画祭で受賞するなど、映画監督としても活躍。

ロングセラーとなった『アドラー流「自分から勉強する子」の親の言葉』『「あれこれ考えて動けない」をやめる9つの習慣』『「いまどきの男の子」の心を強くする育て方』（大和書房）など著書も多数ある。

http://www.ryokutetsu.net/（緑鐵受験指導ゼミナール）

編集協力　渡辺稔大

公立《こうりつ》・私立《しりつ》　中堅校《ちゅうけんこう》から東大《とうだい》に入《はい》る本《ほん》
2019年3月5日　第1刷発行

著　者　和田秀樹《わだひでき》
発行者　佐藤　靖
発行所　大和《だいわ》書房
東京都文京区関口1-33-4
電話　03-3203-4511

装幀　金井久幸（TwoThree）
本文デザイン　荒井雅美（トモエキコウ）
イラスト　芦野公平
カバー印刷　歩プロセス
本文印刷　厚徳社
製本所　小泉製本

ISBN978-4-479-79680-0
乱丁・落丁本はお取り替えいたします。
http://www.daiwashobo.co.jp